© 2023 Marion Haupt | www.marionhaupt.com

Autorencoaching: Markus Coenen | www.markus-coenen.de
Titelgestaltung und Layout: Winfried Skarke | www.profilbuero.de

Verlag: Yess Yess Verlagsagentur
20sec UG (haftungsbeschränkt), Roschdohler Weg 93, 24536 Neumünster
www.twentyseconds.de

ISBN
Paperback   **978-3-98631-047-9**
Hardcover   **978-3-98631-048-6**

Druck: dilling-printmedien digital- und offsetdruck

MARION HAUPT

ICH MUSS DIR WAS SAGEN...

WORTE, DIE DEIN LEBEN VERÄNDERN

INHALT

Widmung

Liebe Leserin, lieber Leser,
dieses Buch widme ich...

...dir.

Vielleicht bist du gerade in einer ähnlichen Situation wie ich vor vielen Jahren. Oder auch nicht. In dieser Zeit fühlte ich mich permanent unter Druck, getrieben und gehetzt, von allen Seiten angegriffen, überfordert, ohnmächtig, alleingelassen, oft unglücklich und verloren. Ich war Mitte 30, verheiratet, hatte zwei kleine Kinder und war gemeinsam mit meinem Vater Inhaberin einer Physiotherapiepraxis. Mein Mann arbeitete sowohl in der Praxis im Büro als auch als Hausmeister mit. Wir wohnten in unmittelbarer Nähe der Praxis. Das war sehr praktisch. So konnte ich tagsüber Zeit mit den Kindern verbringen und sie beispielsweise vom Kindergarten abholen.

Wie alles begann

Als ich in die Praxis eingestiegen war, war ich voller Energie, Tatendrang und Zuversicht. Auch eine Portion Angst war dabei. Denn ich hatte über viele Jahre aus nächster Nähe miterlebt, wieviel Zeit meine Eltern, mein Bruder und ich in die Praxis investierten. Es gab immer etwas zu tun. Ob ich das schaffen würde? Für mich erschien die Praxis mitsamt der ganzen Verantwortung wie ein riesiger Berg in dessen Angesicht ich mich wie ein kleiner Zwerg fühlte. Andererseits war mein gesamtes bisheriges Leben auf diesen Zeitpunkt ausgerichtet gewesen. Während sich meine Mitschüler vor und nach dem Abitur überlegten, was sie studieren könnten, stand mein Plan fest: „Ich werde Physiotherapeutin und übernehme die Praxis meines Vaters."

Als es darum ging, eine neue, große Praxis zu bauen und dafür ein großes Darlehen aufzunehmen, fragten meine Eltern mich, ob ich die Praxis einmal übernehmen wollte. Ich war damals 13 Jahre alt und bewunderte meinen Vater für das, was er konnte. Er konnte Menschen helfen. Das wollte ich auch tun. Für mich hatte ich damit ein Versprechen abgegeben und mich verpflichtet, diesen Weg zu gehen. Nach einigen Jahren Arbeit als Physiotherapeutin in anderen Praxen und bei meinem Vater, war es endlich soweit. Aus verschiedenen Gründen entschieden wir uns vorerst für eine Partnerschaft statt einer Übergabe. Ich übernahm neben der physiotherapeutischen Arbeit den kaufmännischen Bereich. Mein Vater therapierte von früh bis spät. In der ersten Zeit lief es gut. Ich fühlte mich am richtigen Platz und im Flow. Es lief. Endlich war ich an dem ersehnten Punkt meines Lebens angekommen, der bisher in ferner Zukunft gewesen war. „Irgendwann werde ich selbständig" war Realität geworden.

Es knirscht

Vielleicht kennst du es auch, liebe Leserin, lieber Leser: Mit den eigenen Eltern zusammenzuarbeiten ist zeitweise herausfordernd. Ich wollte als Nachfolgerin meines Vaters in der Praxis, die er aufgebaut hatte, Neuerungen einbringen. Weil sie für ihn keinen Sinn ergaben, lehnte mein Vater diese Änderungen ab. Das führte zu Auseinandersetzungen. Meine Eltern hatten die Praxis jahrelang auf ihre Art geführt, jetzt kam ich und wollte plötzlich etwas verändern. Die Konflikte zwischen mir und meinem Vater waren in der Praxis spürbar. Es war nicht klar, wer wofür zuständig war. Teilweise fiel mein Vater mir in den Rücken und nahm Entscheidungen, die ich getroffen hatte, wieder zurück. Die Stimmung in der Praxis war getrübt, es gab einen hohen Krankenstand. Durch die Ausfälle der Mitarbeiter mussten Termine von Patienten abgesagt werden und es gab Beschwerden von Patienten. Mitarbeiter waren unzufrieden und kündigten. Ich fühlte mich von allen Seiten angegriffen und unter Druck gesetzt. Ich versuchte, einige Ausfälle aufzufangen und kürzte meine Zeiten im Büro. Dies führte dazu, dass mir die Zeit fehlte, die ich brauchte, um neue Mitarbeiter zu finden. Schon lag die nächste Kündigung auf dem Tisch. Mein Mann wies mich immer wieder auf Unstimmigkeiten und Fehler hin, die passierten und gab mir gute Ratschläge. Gleichzeitig stellte er immer wieder klar: „Du brauchst dir nicht einbilden, dass du wie dein Vater Tag und Nacht in der Praxis sein kannst und am Wochenende auch. Du bist schließlich Mutter und hast die Verpflichtung, für deine Kinder da zu sein!". Ich suchte das Gespräch mit meinem Vater, um einige Punkte anzusprechen. Ich war unzufrieden damit, wie es in der Führungsebene zwischen uns beiden lief. Das Gespräch eskalierte, wir landeten in einem heftigen Streit. Ich war an einem Tiefpunkt angelangt. War das wirklich das, was ich wollte? Sollte das alles gewesen sein? Von allen Seiten unter Druck, nur negatives Feedback von allen Seiten, nur durch die Tage hetzen?

Ein Wink des Schicksals

Wie das Leben manchmal so spielt, bekomme ich eine E-Mail. Ich weiß gar nicht mehr, warum ich sie öffne. Ich kenne den Absender nicht und ich habe vorher noch nie E-Mails zu diesem Thema bekommen. Es ist eine Ausschreibung zu einem Führungskräftetraining für Frauen. EU-gefördert und damit sogar kostenfrei. Das einzige, was ich einsetzen muss, ist meine Zeit. Ich melde mich an und trete das Training an mit der Aussage: „Ich weiß gar nicht, ob ich überhaupt führen will." Mein Gedanke dahinter ist: Wenn ich meine Kompetenzen erweitere, kann ich mit den Anforderungen anders umgehen. Vielleicht passt es dann ja doch. Das Training ist genau das Richtige zu diesem Zeitpunkt. Und das Schicksal meint es besonders gut mit mir. Denn eine unserer Trainerinnen, gibt uns immer wieder Impulse zum Thema „Sprache". Sie gibt mir erste Hinweise auf das Sprach- und Kommunikationskonzept von LINGVA ETERNA®. Über die Sprache lösen wir gemeinsam viele der Herausforderungen, die jede der Teilnehmerinnen mitbringt.

So hatte ich das noch nie gesehen!

Ich sauge die meisten ihrer Impulse und Anregungen auf. Ich beginne sie nach und nach umzusetzen. Mit dem bewussten Umgang mit dem Wort „müssen" fange ich an. Schon alleine diese eine Maßnahme wirkt sich in einem erheblichen Umfang auf mich, meine Wahrnehmung, mein Lebensgefühl und meine Realität aus. Obwohl meine Anforderungen und die Umstände lange Zeit die gleichen bleiben: die Praxis, Ärger mit meinem Vater, die Balance zwischen Kindern und Praxis, Auseinandersetzungen mit meinem Mann. All das bleibt. Trotzdem: Ich fühle mich erleichtert, frei und habe die Macht, Entscheidungen zu treffen. Ich muss nicht mehr (und schon gar nicht schnell) einkaufen gehen. Ich gehe einfach einkaufen. Das heißt, ich habe eine Wahl. Ich könnte mich entscheiden, es nicht zu tun und eine andere Lösungsmöglichkeit zu finden. Oder die Konsequenz (den leeren Kühlschrank und das Gejammer von Mann und Kindern) zu ertragen.

Ich will mehr

Ich spüre, welche Auswirkung der bewusste Umgang mit meiner Sprache hat und welche Kraft damit in der Sprache liegt. Ich besuche Seminare von LINGVA ETERNA® und bin jedes Mal erstaunt darüber, welche Schätze die Sprache birgt. Von da an arbeite ich immer wieder an mir und vor allem an meiner Sprache. Viele Jahre später beginne ich die Ausbildung zur LINGVA ETERNA® Sprach- und Kommunikationsberaterin. Die Inhalte dieses Buches basieren überwiegend auf dem LINGVA ETERNA® Sprach- und Kommunikationskonzept.

Jeder von uns spricht täglich. Nicht nur mit anderen, sondern auch mit sich selbst. Meine To-Do-Listen, was ich alles tun „musste", bin ich unzählige Male geistig für mich durchgegangen. Damit habe ich mich selbst unter Druck gesetzt, mich selbst zum Opfer gemacht und mich selbst gehetzt und getrieben.

Je mehr ich über die Sprache, ihre Auswirkungen auf die eigene Wahrnehmung und die Wahrnehmung meines Gegenübers lerne und in die Anwendung bringe, desto größer wird mein Wunsch, dieses Wissen an andere weiterzugeben. Wie oft fühlte ich mich ohnmächtig, den Umständen ausgeliefert und als hilfloses Opfer! Die Ursache lag dabei oft in meiner Sprache und in dem, wie ich über die Situation dachte.

Mit der Sprache wandelt sich mein Denken. Ich kann meinen Sinn auf die Dinge lenken, die mich zufrieden machen.

Dieses Wissen, dieses Werkzeug will ich nun dir, liebe Leserin, lieber Leser an die Hand geben oder noch besser: in den Mund legen. Um dir das Lesen leicht und angenehm zu gestalten, habe ich auf Formulierungen wie LeserIn und Ähnliches verzichtet. Dieses Buch richtet sich an Menschen. Das heißt, ich meine immer dich – ob ich nun in der männlichen oder weiblichen Form schreibe.

Vielleicht rechnest du gar nicht damit, welche Auswirkungen die Anregungen und Hinweise in diesem Buch haben können. Umso besser. Ich selbst hatte keine Ahnung. Ich habe es einfach probiert. Heute bin ich über alle Maßen dankbar, dass mir Cornelia von Hardenberg (so heißt die Trainerin aus dem Führungskräftetraining) dieses unverhoffte Geschenk gemacht hat. Liebe Cornelia, ich danke dir von Herzen! Du hast damit mein Leben verändert!

Ich wünsche dir nun viel Freude beim Lesen und das ein oder andere Aha-Erlebnis. Ganz besonders wünsche ich dir bemerkenswerte Ergebnisse, wenn du die Anregungen und Hinweise in deinem Alltag anwendest und sie nach und nach in deinen Sprachgebrauch integrierst.

Marion (Haupt)

P.S. Bevor du weiterliest, schau dir bitte auf jeden Fall das Video an, das du unter diesem Link **bit.ly/3u7hD5y** findest. Es enthält eine wichtige Botschaft für dich!

Teil I

Allgemeines

Kapitel 1
Meine Sicht auf die Welt

Ich entscheide

„Wenn es dir nicht passt, kannst du ja gehen!" – dieser Satz hat mir vor einigen Jahren komplett den Boden unter den Füßen weggezogen. Er fiel in einem Gespräch zwischen meinem Vater und mir. Ich war kein Teenager mehr – ich war eine erwachsene Frau, hatte selbst bereits zwei kleine Kinder und war Geschäftspartnerin meines Vaters. Seit sieben Jahren leitete ich den kaufmännischen und organisatorischen Bereich der Praxis, die mein Vater aufgebaut hatte. Ein Aufgabenbereich, der zu dieser Zeit sehr undankbar war. Denn es lief nicht rund. Es gab immer wieder Personalausfälle und Kündigungen. Das führte zu Unzufriedenheit bei anderen Mitarbeitern, die Überstunden machen mussten und vielem mehr. Eigentlich sollte dieses Gespräch dazu führen, einen gemeinsamen Weg zu finden. Ein Miteinander, in dem die Mitarbeiter und Patienten uns nicht gegeneinander ausspielen konnten. Bis ich als Geschäftspartnerin eingestiegen war, konnte mein Vater schalten und walten, wie er wollte. Meine Mutter organisierte alles um ihn herum, so gut sie konnte. Seit ich in die Leitung der Praxis eingestiegen war, arbeitete ich daran, Strukturen einzuziehen und Veränderungen einzuführen, um die Praxis weiterzuentwickeln. Ich hatte mir etliche Punkte aufgeschrieben, über die ich sprechen und für die ich eine Lösung finden wollte. Eine Lösung, bei der mein Vater einen Schritt auf mich zugehen würde und bereit wäre, etwas an seinem Verhalten zu ändern. Was ich hörte, war für mich schlimmer als eine Ohrfeige. „Wenn es dir nicht passt, kannst du ja gehen!". Sofort schossen mir die Tränen in die Augen. Dabei hatte ich mich so bemüht. Ich wollte meine Sache so gut machen, wie ich konnte. Und das war der Dank?!

Vielleicht hast du, liebe Leserin, lieber Leser auch schon einmal in deinem Leben erlebt, wie verletzend Worte sein können. Wie ein einziges Wort oder ein Satz Freundschaften zerstören können, wie sie deine Stimmung von einem Moment auf den anderen ins Bodenlose stürzen können. Das können Worte.

Lass mich vorne anfangen. Wie kommt es dazu, dass Worte diese Macht über mich haben? Wie kann es sein, dass sie mein Weltbild zusammenstürzen lassen oder dass sie mich bis tief ins Innerste treffen und verletzen? Und wie kann es sein, dass mein Gesprächspartner davon gar nichts merkt oder diese Reaktion gar nicht beabsichtigt hatte?

Die Realität entsteht in meinem Kopf

„Moment mal!" wirst du jetzt vielleicht sagen. „Das stimmt doch wohl nicht. Ich sehe hier ein Zimmer mit einem Tisch, einem Stuhl, draußen ist eine Wiese, die Sonne scheint. Das ist doch nicht alles nur in meinem Kopf – das ist doch real. Das wirst du ja wohl nicht bestreiten wollen? Oder willst du mir etwa erzählen, das sei alles gar nicht real?"

Das stimmt, du hast vollkommen recht. Hast du schon einmal Folgendes erlebt? Du unterhältst dich mit jemandem über eine Situation, die ihr gemeinsam erlebt habt. Dabei spricht dein Gesprächspartner von ganz anderen Eindrücken als das, an das du dich erinnerst. Oder jemand schreibt ein Protokoll über eine Sitzung, bei der du anwesend warst. Beim Lesen überlegst du, ob ihr beide wirklich in derselben Sitzung gewesen seid. Denn du hättest das Protokoll ganz anders geschrieben. Wie kann das sein?

Jeder von uns, jeder Mensch hat seine ganz eigene Sicht der Dinge, seine ureigene Perspektive auf seine Welt. Die dadurch immer einzigartig ist. Diese Sicht setzt sich zusammen aus all den Erfahrungen, Erlebnissen, dem Wissen dieses Menschen, seiner körperlichen „Ausstattung" und vielem mehr. Je nachdem, in welchem Elternhaus du aufwächst, was dir deine Eltern mit auf den Weg gegeben haben und was du daraus für dich entwickelst. Abgesehen davon, dass es die perfekten

Eltern meiner Meinung nach nicht gibt: Deine Eltern können wunderbare Menschen sein und dir die beste Kindheit ermöglicht haben, die vorstellbar ist. Auch unter diesen Bedingungen kann es sein, dass du Sätze in dir trägst wie „Ich bin nicht gut genug." oder „Ich bin dumm". Kinder interpretieren das, was sie erleben. Daraus entstehen Sätze, Annahmen über das Leben, Beziehungen, Realitäten – sogenannte Glaubenssätze. Unbewusst sind das deine „Wahrheiten". Du trägst sie in dir und sie prägen dein Leben.

Auf die Entstehungsgeschichte solcher Sätze will ich an dieser Stelle nicht weiter eingehen. Wichtig ist mir, dass du verstehst, was ich meine.

Jeder von uns trägt also sein ganz eigenes, einzigartiges Glaubenssatzsystem und damit seine individuelle Weltsicht in sich. Ich fasse die Gesamtheit aller dieser Faktoren unter dem Begriff „Mindset" zusammen. Dein Mindset ist sozusagen die innere Musik, die in dir spielt, während du dich durch die Welt bewegst und ganz viele verschiedene Reize auf dich einströmen. Sie ist von Mensch zu Mensch unterschiedlich. Diese Musik entscheidet darüber, was und vor allem, wie du die Welt wahrnimmst.

Ü1 Wahrnehmungsübung

Scanne den QR-Code mit deinem Handy oder gib folgenden Link ein: bit.ly/3sGMpBo
In diesem Video siehst du, welchen Unterschied diese innere Musik ausmacht. Schau es dir bitte mit Ton an, schau wirklich hin, hör zu und lass es auf dich wirken.

Hast du einen Unterschied bemerkt? Die gleichen Menschen, Bewegungen oder Orte können ganz anders wirken. Obwohl es sich objektiv um genau das Gleiche handelt.

Unser Gehirn und wie es uns schützt

Vielleicht fragst du dich jetzt, ob du an deiner inneren Musik etwas ändern kannst. Die gute Nachricht ist: JA!

Vorher will ich dir noch genauer erklären, welche Mechanismen unseres Gehirns dazu beitragen, dass wir unser Mindset als gegeben hinnehmen und so gerne und schnell in gewohnten Bahnen denken.

11 Millionen Sinneseindrücke sollen Wissenschaftlern zufolge pro Sekunde auf einen Menschen einströmen. Unser Gehirn ist ein Wunderwerk. Doch es kann davon „nur" 40 Eindrücke gleichzeitig verarbeiten. Das sind 0,00036 %! Wer in Mathe aufgepasst hat, weiß dass diese Zahl gerundet 0 % ergibt – also gar nichts. Der höchste Berg der Welt, der Mount Everest misst 8849m. Wer schon einmal einen 2000er bestiegen oder von „Angesicht zu Angesicht" gesehen hat, hat vielleicht eine vage Vorstellung davon, wie hoch das ist. Wenn der Mount Everest mit seiner Höhe für die 11 Millionen Sinneseindrücke pro Sekunde steht, entspricht das, was das Gehirn davon verarbeitet gerade mal 3,1 cm! Das Gehirn kann nur einen Bruchteil von dem bewältigen, was gerade in uns und um uns herum los ist. Interessant ist, welche von den Reizen dein Verstand als wichtig einstuft und damit überhaupt verwertet.

An dieser Stelle kommt das Mindset ins Spiel. Vor allem 3 Methoden macht sich das Hirn zunutze, um mit der Fülle an Sinneseindrücken fertig zu werden:
Tilgung, Generalisierung und Verzerrung.

Tilgung

Ü2 Wahrnehmungsübung

Bei dieser Übung (und bei vielen der folgenden Übungen in diesem Buch) brauche ich von dir eine hohe Disziplin. Nur mit Disziplin wirst du die Erfahrung machen können, die ich dir durch diese Übung vermitteln will. **In einigen Übungen wirst du eine gestrichelte Linie finden. So neugierig du bist und so gespannt darauf, wie es weitergeht: Bitte höre an dieser Linie auf zu lesen. Lies nur bis zur Linie. Mach dann die Übung. Und lies erst dann weiter, wenn du die Übung gemacht hast.**

Ich weiß, das ist blöd. Ich bin auch jemand, den so ein Hinweis umso neugieriger macht. ‚Was steht denn da unten so Wichtiges, dass ich das nicht gleich lesen darf...?‘.

Falls du gerne Fußball schaust: Stell dir vor, es läuft ein Fußballspiel, das du unbedingt sehen willst. Da du verhindert bist, willst du es dir nachträglich ansehen. Wenn du hier unterhalb der Linie weiterliest, ist das ungefähr so, wie wenn dir jemand bereits bevor du das Spiel anschauen konntest, den Endstand des Spiels verrät. Dann verliert das Spiel seinen Reiz – weil du schon weißt, wie es ausgeht. Oder wie beim Krimi, weil dir jemand schon sagt, wer der Mörder ist. Dann liest du diesen Krimi ganz anders – wenn du ihn überhaupt noch liest.

Genauso verhält es sich bei diesen Übungen. du nimmst dir die Möglichkeit der Erfahrung vorweg, wenn du schon weißt, was am Ende herauskommt. Du kannst die Übung dann zwar noch machen. Der Effekt wird nur wesentlich geringer sein (falls er überhaupt noch auftritt). Bist du also bereit, diese Disziplin während der Übungen aufzubringen?

Schau dich in dem Raum, in dem du dich gerade aufhältst 30s lang ganz genau um. Wo entdeckst du überall die Farbe Grün (oder alternativ Blau)? – Los geht's!

Wie viele grüne (bzw. blaue) Dinge hast du entdeckt?

- -

Jetzt nimm dir noch einmal 30s Zeit. Halte nun Ausschau nach allen roten (oder alternativ gelben) Dingen in deiner Umgebung?

Wie viele sind es?

Was will ich dir mit dieser Übung zeigen? Wie viele rote (bzw. gelbe) und grüne (bzw. blaue) Dinge es in deiner Umgebung gibt und dass eine der beiden Farben in deiner Umgebung überwiegt? Nein, diese Übung zeigt dir die Filterfunktion der Tilgung. Hast du die Dinge, die du im zweiten Durchgang entdeckt hast, auch schon bemerkt als du im ersten Durchgang nach der anderen Farbe Ausschau gehalten hast?

Ich nehme das wahr, worauf ich mich gerade konzentriere, was für mich in diesem Moment wichtig ist. In dem Moment, in dem du dich auf die grünen Dinge konzentrierst und bewusst nach ihnen suchst, entdeckst du viele grüne. Obwohl auch viele rote Dinge im Raum sind, nimmst du hauptsächlich die grünen Dinge war. Bestimmt kennst du dieses Phänomen auch aus anderen Situationen: Wenn du dir ein neues Auto kaufen willst und zwar ein ganz bestimmtes Modell. Plötzlich siehst du auf den Straßen viele solcher Autos. Die sind auch vorher schon herumgefahren, nur hast du sie bisher einfach ausgeblendet.

Unter Zeitdruck bin ich vor etlichen Jahren beim Rückwärts-Ausparken auf einen Mercedes gefahren. Plötzlich krachte es und da sah ich ihn. Vorher hatte ich dieses große und gut sichtbare Auto komplett ausgeblendet und nicht wahrgenommen. Bei Menschen mit der Diagnose AD(H)S geht die Forschung derzeit davon aus, dass genau dieser Mechanismus im Gehirn gestört ist. Das führt bei den Betroffenen zu einer Reizüberflutung. Denn die Informationen werden nicht in wichtige und unwichtige sortiert, sondern strömen ungefiltert auf das Gehirn ein.

Welche Reize du dabei als wichtig ansiehst und durch den Filter lässt, hat mit deinem Mindset zu tun. Alles, womit du dich gerade beschäftigst, was du vom Leben glaubst, wie deine Sicht der Dinge ist, das wirst du wahrnehmen. Viele andere Eindrücke werden getilgt und bleiben außerhalb deiner Wahrnehmung.

Wir sehen also immer nur einen kleinen Ausschnitt aus dem Gesamtbild und registrieren einen Bruchteil aller Informationen, die gerade auf uns einprasseln. Und das ist auch gut so. Es wichtig, sich das immer wieder einmal bewusst zu machen. Genau dieser Mechanismus ist einer der Faktoren, die zur Entstehung unseres persönlichen Mindsets beitragen. Dadurch dass meine Eindrücke gefiltert werden und nur das „durchgelassen" wird, was ich als wichtig und richtig erachte. Der Filter sorgt dafür, dass du nur einen ganz kleinen, minimalen Ausschnitt der Welt wahrnimmst. Dieser Ausschnitt ist zudem noch bereinigt um die Dinge, die du nicht sehen willst bzw. als nicht wichtig empfindest. Die Tilgung trägt wesentlich dazu bei, dass du dir das, was du glaubst, auch immer wieder selbst bestätigst. Wenn du überzeugt bist, dass viel mehr BMWs als Fiats auf den Straßen unterwegs sind, ist dein Gehirn quasi auf BMW „geeicht". BMWs nimmst du dann wahr – andere Autos nicht, vor allem keine Fiats. Denn du „weißt" ja, dass die viel seltener sind.

Generalisation

Unser Gehirn ist für unseren Körper ein Luxusgegenstand. Obwohl es nur ca. 3 % des gesamten Körpergewichtes ausmacht, verbraucht es ca. 20 % der Energie. Aus Sicht unseres Körpers sind wir immer noch Steinzeitmenschen. Energie ist ein kostbares Gut und wird im Körper immer sinnvoll eingesetzt: zur Fortbewegung, zur Aufrechterhaltung der Körpertemperatur, für die Verdauung, das Herz-Kreislauf-System und vieles mehr.

Genauso wie wir unnötige Bewegungen oder Anstrengungen meist vermeiden, vermeiden wir auch vermeintlich unnötige Denkprozesse. Habe ich gelernt, wie ein Baum aussieht, muss ich mir nicht jeden Baum von neuem gründlich ansehen und darüber nachdenken, was das für ein Objekt sein könnte. Oder: Ich verbringe einen Urlaub im Ausland. In Frankreich, zum Beispiel. In der Schule habe ich vielleicht gehört, Franzosen würden die Deutschen nicht mögen. Beim ersten Tanken in Frankreich ist der Tankwart schlecht gelaunt und unfreundlich. Als ich Essen gehe, versteht mich der Kellner nicht richtig und bringt mir das falsche Essen.

Was folgere ich daraus? Alle Franzosen sind unfreundlich und mögen die Deutschen nicht. Einen Urlaub in Frankreich werde ich dann wohl nicht mehr machen und allen Franzosen, die mir noch begegnen eher kritisch gegenüberstehen. Ich habe eine oder zwei Erfahrungen gemacht und übertrage diese Erfahrungen auf zukünftige Ereignisse.

Auch die Generalisation hat ihre Berechtigung und ihren Sinn. Es ist hilfreich, über diesen Mechanismus Bescheid zu wissen. Die Generalisation ist der zweite Faktor, der zur Entstehung deines Mindsets beiträgt. Im Zusammenspiel mit der Tilgung wirkt sie besonders gut. Zum Beispiel: Ich habe als Kind die Erfahrung gemacht, dass ich beim Laufen von anderen Kindern abgehängt werde. Nach ein paar Mal, generalisiere ich diese Erfahrung zum Beispiel als „ich kann nicht schnell rennen" oder gar „ich bin langsam". Mit diesem Gedanken über mich, mit dieser Wahrheit gehe ich fortan durch die Welt. Auch wenn es nun zu Situationen kommt, in denen ich ganz und gar nicht langsam bin (zum Beispiel, weil ich zum Bus gerannt bin, um ihn nicht zu verpassen), werde ich diese Erfahrung für mich tilgen. Ich werde sie zumindest nicht als „Gegenbeweis" für meine bisherige Wahrheit ansehen und in dem Glauben bleiben, ich könne nicht schnell rennen.

Erst wenn ich mich aktiv auf die Suche nach Gegenbeispielen für solche generalisierten Wahrheiten mache, werde ich sie finden. Warum? Weil ich dann meine Konzentration auf die Situationen richte, in denen ich schnell und eben nicht langsam bin. Die Situationen, die mein „normales" Ich im Alltag einfach ausblendet.

Du siehst, schon die Kombination der beiden ersten Filter trägt erheblich dazu bei, dass du deine Welt genau so wahrnimmst, wie sie für dich wahr ist. Nur das, was du für wahr hältst, kommt überhaupt an.

Somit komme ich zum dritten Filter.

Verzerrung

Auch die Verzerrung dient dem Energiesparen. Das Gehirn spart sich durch mentale Abkürzungen Zeit und Energie. In der ersten Zeit nach meinem Examen als Physiotherapeutin ist oft Folgendes passiert: Ich habe von vielen Patienten positive Rückmeldungen bekommen. Ich konnte ihnen helfen, ihre Schmerzen wurden besser. Doch es gab ein, zwei, manchmal auch drei Leute, bei denen kam ich nicht voran. Irgendwie wurde es nicht besser, nichts tat sich. Manchmal verschlimmerte sich ihr Zustand nach meiner Behandlung sogar noch. Sofort war mir klar, woran das liegt: Ich bin unfähig. Ich kann es einfach nicht. Wahrscheinlich habe ich meinen Beruf verfehlt.

Was war passiert? Der Mechanismus der Verzerrung hat gegriffen. In meiner Wahrnehmung gab es nur noch die Patienten, bei denen ich nicht vorwärts kam, denen ich nicht helfen konnte. Was den Verdacht bzw. den Zweifel, den ich in mir trug, bestätigte. Ich war eben nicht gut genug. Alle anderen Patienten, bei denen ich Erfolg hatte, hatte ich komplett ausgeblendet.

Warst du schon einmal verliebt? In dieser Phase ist der Mechanismus der Verzerrung hochwirksam. Ich sehe den Partner durch die rosarote Brille und damit nur seine guten Seiten und Eigenschaften. Manchmal kommt es später zur genau gegenteiligen Verzerrung. Geht die Beziehung auseinander, vielleicht sogar im Streit, frage ich mich, was ich an diesem Menschen überhaupt jemals gut finden konnte. Dann sehe ich nur noch alles, was mich stört, was mich nervt und was mir nicht gefällt.

Mit Hilfe von Tilgung, Generalisation und Verzerrung und vor allem durch deren Zusammenwirken erschaffst du dir täglich immer wieder aufs Neue deine Realität. Du erschaffst sie nicht nur, du bestätigst sie dir kraft dieser Filter dauernd selbst. Es kann also gar nicht anders sein, als du es glaubst. Oder etwa doch?

Du setzt den Rahmen

Du hast nun die wichtigsten Mechanismen kennengelernt, die dein Gehirn benutzt, um Energie zu sparen. Ich habe dir aufgezeigt, dass es „die", also eine objektive Realität, die für jeden gleich ist, nicht gibt.

Gedankenreise   Ü3

Stell dir vor, du begibst dich auf eine Urlaubsreise. Du erreichst deinen Urlaubsort. Zur Begrüßung bekommst du ein Getränk gereicht. Es handelt sich um eine eher trübe Flüssigkeit, die nicht besonders gut riecht. Als du den ersten Schluck trinkst, schmeckst du, dass es total versalzen ist. Es schmeckt grauenhaft. Du bekommst es kaum herunter. Dein Gastgeber besteht darauf, dass du es austrinkst. Kurze Zeit später bekommst du Krämpfe im Bauch und kannst dich die nächsten Stunden nur in der unmittelbaren Nähe einer Toilette aufhalten. Das geht bis in die Nacht hinein, so dass an erholsamen Schlaf nicht zu denken ist. Nach dieser ersten Nacht freust du dich auf ein Frühstück. Frische, knusprige Brötchen, selbstgemachte Marmelade, etwas Obst und vielleicht ein Ei. In Gedanken malst du dir schon alles in den herrlichsten Farben aus. Doch am nächsten Morgen bekommst du nicht mal einen Kaffee, sondern nur Tee. Kräutertee. Zu essen gibt es gar nichts. Kein Frühstücksbuffet. Alles, was du sonst angeboten bekommst, ist ein Löffel Honig für den Tee. Damit nicht genug – nach dem Frühstück zwingt man dich, 15 km zu laufen. Unterwegs gibt es nur zu trinken und wieder nichts zu essen.

So langsam beginnt dein Kopf zu schmerzen und ein wenig schwindlig ist dir auch. So geht das Tag für Tag – nichts zu essen, jeden Tag laufen, laufen, laufen. Am dritten Tag ist deine Laune endgültig im Keller...

Wie klingt das für dich? Nach Folter?

Kannst du dir vorstellen, dass manche Leute genau dafür Urlaub nehmen und Geld bezahlen? Das nennt sich Fastenwandern. Die Leute machen all das freiwillig und genießen es auch noch! Ich habe schon viele Menschen ganz begeistert genau davon erzählen hören.

Wie kann das sein? Der Unterschied liegt im „Rahmen", den du um das Szenario legst. Die Leute, die Fastenwandern gehen, entscheiden sich genau dafür. Sie wissen, was sie erwartet und sind positiv dazu eingestellt. Würde man dich zwingen all das gegen deinen Willen zu tun, wärst du sicher wenig begeistert und offen. Das heißt, es kommt immer darauf an, wie deine Haltung zu einem Szenario ist, das du erlebst. Meist ist uns diese Haltung, also das, was wir über eine Situation denken bzw. warum wir diese Situation genauso sehen, wie wir sie gerade sehen, nicht bewusst. All das spielt sich unter der Oberfläche, im Unbewussten ab. Durch Reflektion, Achtsamkeit und Präsenz kann es gelingen, diese Vorgänge wahrzunehmen und in einem nächsten Schritt zu beeinflussen.

Zurück zum Anfang

Was hat mein Mindset dazu beigetragen, dass mich die Worte meines Vaters so sehr verletzt haben? Von klein auf war ich die brave Tochter. Ich war gut in der Schule, war fleißig, habe mich angepasst und fast immer das getan, was andere von mir erwartet haben. Ich hatte schon seit meiner Jugend darauf gewartet und hingearbeitet, irgendwann die Praxis zu übernehmen. Ich wollte alles richtig machen und mir damit die Liebe und die Anerkennung meines Vaters verdienen. Für mich bedeutete dieser Satz übersetzt: „Es ist mir egal, was dir nicht passt. Ich ändere mich nicht." und damit im Klartext: „Du bist nicht gut genug." Für mich war klar, dass diese Botschaft nur so gemeint sein konnte, wie sie bei mir angekommen war. Sie bestätigte das, was ich innerlich selbst immer von mir dachte. Nur war das eben nur meine Sicht und nicht die Wahrheit. Hätte ich selbst nicht von mir geglaubt, nicht gut genug zu sein, hätte mich dieser Satz nicht verletzen können.

Aus der Perspektive meines Vaters wollte er mir mit diesem Satz Freiheit schenken. Er gab mich frei, entließ mich aus der Verpflichtung, die Praxis führen zu müssen. Er entstammt einer Generation, in der nur die wenigsten Männer über ihre Gefühle sprechen können. Er zeigt seine Liebe eher durch Taten als durch Worte.

Kapitel 2

Wie Sprache und Denken zusammenhängen

Achte auf deine Gedanken,
denn sie werden zu Worten.
Achte auf deine Worte,
denn sie werden zu Handlungen.
Achte auf deine Handlungen,
denn sie werden zu Gewohnheiten.
Achte auf deine Gewohnheiten,
denn sie werden dein Charakter.

(aus dem Talmud)

Ich verrate dir jetzt etwas. Ich bin nicht stolz darauf. Doch ich glaube, ich bin damit nicht alleine: Ich nasche gerne. – Schokolade zählt dabei zu meinen Favoriten. Ich kann mich lange Zeit beherrschen. Doch manchmal, da gibt es diese Sehnsucht, diese Gier nach etwas Schokoladigem. Sie bringt mich dazu, auf die Suche zu gehen und zu schauen, wo ich ein leckeres Stück Schokolade finde, das ich essen kann. In meinem Kopf gibt es dann oft zwei Stimmen, die miteinander streiten. „Du darfst dir was gönnen! Du hast den ganzen Tag auf deine Ernährung geachtet, Sport hast du auch gemacht. Das geht in Ordnung!", argumentiert die eine. „Genau, und eben weil du das extra gemacht hast, brauchst du jetzt auch keine Schokolade! Denk dran, wie es aussieht, wenn die Speckröllchen an deinem Bauch über die Hose quellen. Das muss doch jetzt nicht sein…!", hält die andere dagegen. Je nachdem, welche überzeugender oder einfach lauter ist, gewinnt mal die eine, mal die andere. Damit nicht genug. Habe ich die Schokolade dann gegessen, geht es weiter. „Das war lecker – ein Stückchen geht schon noch…", fordert die eine, wohingegen die andere fünf Minuten später meint: „Mann, das hättest du jetzt echt nicht gebraucht. Morgen früh auf der Waage jammerst du wieder! Da bist du wohl mal wieder nicht diszipliniert genug gewesen…!". Ich höre also Stimmen in meinem Kopf, die mit mir sprechen.

Vielleicht kennst du das auch? Zum Beispiel, wenn du dir vorgenommen hast, ab morgen Sport zu machen, früher aufzustehen oder endlich mit der Diät zu beginnen. Oder, oder, oder.

Immer wieder taucht die ein oder andere Stimme in deinem Kopf auf, die dich von deinem Vorhaben abbringen will. Um dich zu überzeugen, dass es so wie es ist, doch viel besser ist. Diese Stimme ist auch als innerer Schweinehund bekannt.

Nicht nur wenn ich etwas verändern will, höre ich eine Stimme in meinem Kopf. Oft wird alles, was ich so tue, was ich erlebe, jeder und alles in meinem Kopf kommentiert, beurteilt und bewertet. „Wie sieht die denn aus?", „Oh Mann, jetzt habe ich die Eier vergessen einzukaufen! Ich bekomme einfach nichts auf die Reihe. Nichts kann ich mir merken. Wie dumm kann man denn sein!", „Das ist ja mal wieder typisch, dass ich wieder die Arbeit machen muss. Die anderen interessiert es einfach nicht! Alles bleibt an mir hängen…". Jens Corssen nennt diese Stimme den „Quatschi". Manche nennen sie den inneren Kritiker, den Monk. Wie nennst du sie?

Die Verknüpfung von Sprache und Denken

Meist findet dieser Dialog oder das permanente innere Gespräch völlig unbemerkt statt. Was viele dieser „Gespräche" kennzeichnet, ist die Art, wie diese Stimme mit mir selbst umgeht. Wie also ich selbst mit mir umgehe und mit mir spreche. Wäre es ein Freund, dessen Fehler du gerade bewertest: Würdest du ihn genauso niedermachen, wie du das mit dir täglich tust? Forscher haben herausgefunden, dass wir täglich ca. 70.000 Gedanken denken. Dieses Denken findet in Form von Sätzen, Worten – kurz gesagt über Sprache statt.

Erschreckend ist, dass davon nur ca. 3000 – 5000 Gedanken neue Gedanken sind! Alle anderen Gedanken sind Gedanken, die wir immer wieder und wieder denken. Wir drehen uns im wahrsten Sinne im Kreis und denken wiederholt dieselben Gedanken. Über 90 % der Gedanken, die täglich durch unseren Kopf geistern und mit denen wir uns beschäftigen, sind also die gleichen, die wir gestern, letzte Woche, letztes Jahr auch schon gedacht haben. Wir treten gedanklich immer wieder auf der Stelle und bekräftigen durch das wiederkehrende Denken derselben Gedanken unsere Glaubensmuster und unser Mindset, unsere Wahrnehmung der Welt. Die Mechanismen der Tilgung, Generalisation und Verzerrung kommen hier voll zum Tragen. Allerdings halten wir die Gedanken, die wir denken, für wahr und erschaffen uns damit unsere Realität.

Wenn ich denke, dass alle Ausländer kriminell sind und alle blonden Frauen dumm, werde ich meine Wahrnehmung darauf ausrichten und mir genau das immer wieder bestätigen. Weil ich alle anderen Erfahrungen und Situationen, in denen ich das Gegenteil erfahren könnte, ausblende. Jede neue Erfahrung, die mir das Gegenteil beweisen würde, wird von der Tilgung ausgeblendet. Die Erfahrungen, die deine Wahrheit bestätigen werden verstärkt (‚ich hab' es doch gewusst! Wieder ein dummes Blondchen…'), die Generalisation wird mit mehr „Beweisen" untermauert. Und die Verzerrung sorgt neben der Tilgung dafür, dass du anderen Erfahrungen, die deinen Glauben ins Wanken bringen könnten, viel weniger Gewicht gibst. Ich komme noch einmal zurück auf die Zahlen und die Gedanken, die wir täglich denken. Eine weitere Zahl ist sogar noch trauriger: von den 70.000 Gedanken sind nur 3 % positive Gedanken.

Dagegen sind 25 % destruktiv und schaden mir oder anderen. Das ist das 8fache! Die verbleibenden 72 % sind vollkommen belanglose, flüchtige Gedanken. Wie zum Beispiel: „Silvia wollte ich mal wieder anrufen." oder „Wo habe ich nur meine Brille?".

„Die Sprache ist äußeres Denken, das Denken innere Sprache."

(Antoine de Rivarol)

Du siehst – Denken und Sprache sind eng miteinander verknüpft. Und damit die Wahrnehmung meiner Realität. In der Medizin ist man diesem Phänomen vor allem im Bereich der Placebo- und Noceboforschung auf der Spur. Nocebo? – Was soll das denn sein?

Den Placebo-Effekt kennst du sicher. Placebo kommt aus dem Lateinischen und heißt übersetzt: „Ich werde gefallen.". Der Placebo-Effekt wurde eher zufällig entdeckt. In Studien, die die Wirksamkeit bestimmter Medikamente belegen sollen, dienen Placebos als Kontrollsubstanz. Placebos sind Arzneimittel, die keinen Arzneistoff enthalten und somit auch keine pharmakologische Wirkung verursachen können. Als Placeboeffekte werden positive Veränderungen des Gesundheitszustandes bezeichnet, hervorgerufen durch eine Behandlung mit einem Placebo. In diesen Fällen bewirken vor allem der Glaube und die Erwartungshaltung des Patienten die erwünschten Effekte, wie folgendes Beispiel eindrucksvoll zeigt:

Derek Adams ist 26 Jahre alt und todunglücklich. Der Grund: Seine Freundin hat ihn verlassen. In seiner Not schluckt er 26 Tabletten eines Antidepressivums und denkt, er wird jetzt sterben. In Folge der Tabletteneinnahme sackt sein Blutdruck ab, sein Zustand wird kritisch. Sein Nachbar entdeckt ihn und bringt ihn in die Notaufnahme. Obwohl die Ärzte intravenöse Infusionen geben und alles daran setzen, Derek zu helfen, wird sein Zustand lebensbedrohlich. Die Ärzte finden heraus, dass die Medikamente die Derek geschluckt hatte, Teil einer Studienmedikation sind. Der Studienleiter wird kontaktiert und es stellt sich heraus, dass Derek der Placebogruppe zugeordnet war. Das heißt: Die Tabletten, die Derek genommen hatte, enthielten keinen Wirkstoff, sondern nur Stärke und ein wenig Milchzucker. Bei vielen Studienteilnehmern wirkt dieses Placebo, ähnlich oder genauso gut, wie das Medikament selbst. Es wirkt sich positiv auf die Gesundheit der Probanden aus. Das ist der Placebo-Effekt. Die Ärzte teilen Derek mit, dass er nur ein Placebo geschluckt hat. Und schon verschwinden seine – zuvor noch lebensbedrohlichen – Beschwerden! Derek kann eine Viertelstunde später das Krankenhaus verlassen.

Dieser Fall macht auf beeindruckende Weise den Placebo- und gleichzeitig den Nocebo-Effekt deutlich. Derek erwartet durch die Überdosierung des (vermeintlichen) Medikamentes eine negative, lebensgefährliche Reaktion. Wie dieser Fall deutlich zeigt, kann allein die Erwartung und der Glaube daran, diese Reaktion des Körpers auslösen. Die Pillen, die Derek geschluckt hatte, enthielten keinerlei Schadstoffe. Dennoch reagierte sein Körper, als ob es der Fall gewesen wäre. Derek wäre fast an einer Zucker-Tablette ohne Wirkstoff gestorben, weil er an die Wirksamkeit des Medikaments oder besser gesagt an die schädigende und lebensgefährliche Wirkung der Überdosierung glaubte. Das Gegenstück zum Placeboeffekt ist also der Nocebo-Effekt. Übersetze ich das Wort „nocebo" aus dem Lateinischen, be-deutet es: „Ich werde schaden". Damit beschreiben die Mediziner unerwünschte Wirkungen, die bei scheinbaren Schadmitteln auftreten, obwohl diese keinen Schadstoff enthalten.Sowohl der Placebo- als auch der Nocebo-Effekt werden mit psychosozialen Mechanismen erklärt.

Durch Studien zeigt sich nach und nach deutlicher, welche Macht die Worte haben, die der Arzt verwendet, wenn er mit dem Patienten spricht. Nach einer Aufklärung über Nebenwirkungen treten genau die Nebenwirkungen auf, die beschrieben wurden. Lässt man die Aufklärung weg, sind es deutlich weniger Nebenwirkungen. Ist dir schon einmal Blut abgenommen worden? Das ist ein Stich und tut etwas weh. Denkst du, es macht einen Unterschied, was die Arzthelferin sagt, wenn sie die Blutabnahme durchführt? In einer Studie kam heraus, dass es einen bedeutenden Unterschied macht. Bei der Ansage „Achtung, das sticht jetzt!" gaben die Probanden deutlich höhere Schmerzen an als wenn die Helferin „Ich fange jetzt an." sagte. Ich kann durch Worte, die ich verwende sogar meine Schmerzwahrnehmung beeinflussen. Das ist spannend, oder?

Das Gute ist: Der Zusammenhang zwischen Denken und Sprache funktioniert in beide Richtungen. So wie ich denke, so spreche ich. Meine Haltung, das, was ich über die Welt denke, transportiere ich über meine Sprache nach außen. Werde ich mir meiner Sprache und meiner Sprachmuster bewusst und wandle meine Sprache, wird sich dadurch

langfristig meine Art zu denken ändern. Um anders zu sprechen als ich es gewohnt bin bzw. es mir angewöhnt habe, ist es notwendig, den „Weg" über das aktive Denken zu nutzen. Je öfter ich anders spreche, umso mehr „schleifen" sich die neuen Sprachmuster in mein Denken ein.

Spielst du ein Instrument oder machst du Sport? Wie lange hat es gedauert, bis du es konntest? Es braucht viele Wiederholungen bis sich neue Bewegungen oder Bewegungsmuster im Gehirn gebahnt haben und damit so etabliert sind, dass du sie automatisch und ohne Nachzudenken ausführen kannst.

Lernen ist ein Prozess, der in vier Stufen abläuft. Zur Verdeutlichung nehme ich als Beispiel das Erlernen einer neuen Bewegung. Nehmen wir an, du beginnst Yoga zu lernen. In der ersten Stunde, wirst du dich in Haltungen und Positionen wiederfinden, die du noch nie vorher eingenommen hast. Du weißt noch nicht, wie es geht. Bevor du mit Yoga begonnen hast, wusstest du noch nicht einmal, dass es diese Positionen gibt. Das ist die erste Stufe des Lernens. Die Stufe der unbewussten Inkompetenz. In diesem Stadium weißt du noch nicht, dass du etwas noch nicht weißt. Das ist immer so, bevor wir etwas Neues lernen oder uns auch tiefer mit einer bestimmten Sache beschäftigen. Wir wissen gar nicht, was wir alles nicht wissen.

Nach der ersten Yoga-Stunde bist du einen Schritt weiter. Du weißt jetzt, dass es beim Yoga noch viel zu lernen gibt. Diese zweite Stufe nennt sich bewusste Inkompetenz. Jetzt weißt du immerhin, dass du beim Yoga vieles noch nicht weißt. Oder wie Sokrates sagt: „Ich weiß, dass ich nichts weiß."

Du hast dich auf ein neues Wissensfeld begeben und erkannt, dass es dort eine Fülle von Dingen gibt, die du lernen kannst. Ich persönlich finde dieses Stadium als besonders anstrengend, herausfordernd und schwierig. Ich habe schon neues Wissen, kann es aber noch nicht umsetzen. Dummerweise kann ich auch nicht mehr so tun, als wüsste ich nichts davon und werde so immer wieder aufs Neue mit meiner Inkompetenz konfrontiert. Diese Stufe dauert oft sehr lang. Oft kann es auch sein, dass du immer wieder auf dieser Stufe landest. Wenn du dich intensiv mit einer Sache auseinandersetzt, wenn Du in die Tiefen eintauchst, erfährst du mit jedem Mal neue Feinheiten und Details, auf die es zu achten gilt und die dir vorher unbewusst waren.

Auf Stufe drei wird es besser! Diese Stufe ist das Stadium der bewussten Kompetenz. Du weißt jetzt also, wie es geht und du kannst es umsetzen. Allerdings brauchst du zum Umsetzen noch volle Aufmerksamkeit und Konzentration. Das heißt, Stufe 2 und Stufe 3 wechseln miteinander ab und gehen ineinander über. Passt du gut auf und konzentrierst dich, gelingt es dir. Bist du in Gedanken oder nur teilweise aufmerksam, dann machst du es falsch. Beim Yoga kannst du viele Haltungen jetzt schon gut mitmachen und auch so, dass sie so aussehen, wie sie aussehen sollen. Doch sobald du an etwas anderes denkst, brauchst du eine Korrektur vom Lehrer.

Die höchste Stufe ist schließlich die Stufe der unbewussten Kompetenz. Um hier anzukommen, braucht es eine lange Zeit und viel Übung. Es ist die Stufe der Meister. In diesem Stadium sind dir die Haltungen und Positionen des Yoga in Fleisch und Blut übergegangen. Du bewegst dich intuitiv, ohne darüber nachzudenken. Dein Körper weiß, wie es geht.

Wenn du Autofahrer bist, dann ist Autofahren wahrscheinlich eine deiner unbewussten Kompetenzen. Du setzt dich in dein Auto und denkst normalerweise nicht mehr darüber nach, was du tust. Bei mir ist es schon vorgekommen, dass ich mich zuhause gefragt habe, wie ich eigentlich hier angekommen bin. Während der Fahrt war ich mit meinen Gedanken ganz woanders. Vielleicht kennst Du das auch. Zum Glück kommen wir trotzdem heil zuhause an. Weil das Autofahren eine unbewusste Kompetenz geworden ist.

Wahrnehmungsübungen Ü4

1. Verschränke deine Finger ineinander, wie zum Gebet. Welcher Zeigefinger liegt oben? Jetzt wechsle die Finger so, dass der andere Zeigefinger oben liegt. → Wie fühlt sich das an?

2. Schreib deinen Namen mit der anderen Hand als deiner Schreibhand. → Wie geht es Dir damit?

3. Putze dir heute die Zähne mit der anderen Hand. → Wie fühlt sich das an? Wie gut geht das?

Für die meisten Menschen ist es komisch und sie tun sich schwer damit. Weil es ungewohnt und neu ist. Anders als du es sonst machst. Genauso verhält es sich bei der Sprache.

Falls du schon einmal versucht hast, ein lange eingeübtes Bewegungsmuster zu verändern, weißt du, was ich meine. Das dauert und erfordert Aufmerksamkeit und Konzentration. Das, was vorher automatisch ging, ist plötzlich wieder anstrengend und schwierig. Du befindest dich jetzt auf Stufe zwei des Lernens – auf der Stufe der bewussten Inkompetenz. Warst du vorher einfach „unwissend", so weißt du jetzt zwar, was es noch alles zu lernen gibt. Du kannst es allerdings noch nicht, du bist erst dabei, es zu lernen und einzuüben. Das heißt, auf dieser Stufe gibt es immer wieder Frustrationspotential. Denn du wirst wiederholt mit den Fehlern konfrontiert, die du machst. Fehler, von denen du vorher nichts wußtest. Jetzt weißt du zwar, wie es theoretisch geht, kannst es aber noch nicht umsetzen. Während der Übung bist du in diesem Stadium permanent geistig „dabei". Du überprüfst, ob du das neue Muster richtig ausführst.

So ist es auch, wenn du dir eine neue Sprachgewohnheit angewöhnen willst. Auch in diesem Fall durchläufst du die vier Stufen des Lernmodells. Das Ganze braucht viel Aufmerksamkeit und Geduld. Ist die „neue" Art zu sprechen etabliert, hast du gleichzeitig ein neues Denkmuster in deinem Gehirn erschaffen. Und damit deine Wahrnehmung verändert.

Abrakadabra –
was hat Sprache mit Magie zu tun?

Das Wort Abrakadabra kennst du sicher. Es kommt aus dem Aramäischen und bedeutet wörtlich übersetzt: Ich werde erschaffen, während ich spreche. Ich hoffe, ich konnte dir bis hierher aufzeigen, dass dies voll und ganz zutrifft. Mit deiner Art, zu sprechen, den Worten, die du verwendest, deiner Sprachmelodie, Grammatik und Satzbau beeinflusst du deine Wahrnehmung. Vielmehr: du erschaffst dir deine Realität!

Jetzt denkst du vielleicht: „Sicher habe ich mir diese Realität nicht erschaffen! Diesen Partner, diese Arbeitsstelle, die Konflikte, die Ängste, den Ärger, den ich habe! Ich wäre ja schön blöd, wenn ich mir das so erschaffen würde."

Ich lade dich ein, diesen Gedanken erst einmal so stehen zu lassen. Später gebe ich dir viele Informationen darüber, wie bestimmte Worte wirken und welche Auswirkungen gewisse Sprachmuster haben. Ich werde dir Hinweise und Anregungen geben. Probiere sie aus! Und dann sei neugierig, ob sich etwas in deinem Leben ändern wird.

Kapitel 3

Jeder ist anders!

Wie lernen wir sprechen?

Warum sprichst du genau so, wie du sprichst? Sprechen lernen wir als Kleinkinder, so wie viele andere Dinge auch: Durch Nachahmen, Versuch und Irrtum. Zuerst geht es darum, das Sprechen überhaupt zu lernen. Wie koordiniere ich Zunge, Kiefer, Lippen und wie lasse ich die Luft strömen, damit mein „Papa", „Mama" oder „Auto" so klingt, wie bei meinen Eltern? Dass Babies und Kleinkinder das erst lernen, ist uns vollkommen klar. Wir freuen uns über jedes neue Wort, das ein Kind lernt (bis auf die späteren Situationen, in denen es neue Worte aus dem Kindergarten mit nach Hause bringt, die es definitiv nicht zuhause aufgeschnappt hat 😉). Es klingt oft zu goldig, wenn das Kind manches noch nicht richtig aussprechen kann oder die Buchstaben in die falsche Reihenfolge bringt. Oft sprechen wir solche Worte dem Kind dann immer wieder richtig vor – und mit der Zeit gelingt es dem Kind. Auch wenn es noch nicht sprechen kann, hört es, wie wir sprechen. Mit dem Kind. Mit anderen Erwachsenen, wenn es im Raum ist. Kann das Kind die ersten Worte sprechen, ist die nächste Herausforderung das Bilden von Sätzen. Erst Zwei-Wort-Sätze, wie zum Beispiel „Mama komm" oder „Milch trinken". Nach und nach erweitern sich die Sätze.

Abhängig davon, wo das Kind sich vorwiegend aufhält und welche Personen viel mit ihm zu tun haben, wird das Kind von Eltern, Großeltern, Nachbarn, Erziehern im Kindergarten, Lehrern in der Grundschule oder anderen Erwachsenen Sprachmuster übernehmen. Vielleicht hast du auch schon Sätze von Kindergartenkindern gehört, die sie aus ihrem Elternhaus mitgebracht haben. Ich soll als Kindergartenkind einmal den Kopf schüttelnd dagestanden und gesagt haben: „Das sind Probleme!" Da es – wie mir erzählt wurde – keinen Zusammenhang zu dem gab, was gerade los war, war das wohl auch ein Satz, den ich zuhause aufgeschnappt und übernommen habe. Je nachdem, wie wir mit den Sprachmustern und Worten, die wir von zuhause übernehmen, zurecht und durchs Leben kommen, formen sich unsere Vorlieben heraus. So wie wir bestimmte Verhaltensweisen beim Thema Ordnung, Hygiene, Umgang mit Geld oder auch bei der Ernährung oder Bewegungsgewohnheiten von unseren Eltern übernehmen, übernehmen wir auch Sprachmuster, bestimmte Worte und die Art, wie wir sprechen. So wie ich als Erwachsener vor allem die Speisen kenne, die es bei mir zuhause gab, so sind mir viel mehr die Sprachmuster geläufig, die dort üblich waren.

Wenn Sprache solche Auswirkungen auf mein Leben hat...

... warum habe ich davon in der Schule nichts gehört? Vielleicht wendest du jetzt ein, dass du ja schließlich auch in der Schule das Fach „Deutsch" hattest. In diesem Fach hast du etwas über Grammatik, Rechtschreibung, Stilmittel gelernt. Du hast Lektüren und Gedichte gelesen, hast Aufsätze geschrieben. Darüber, welche Wirkung Worte konkret auf meinen Alltag und mein Leben haben und welche Kraft in der Sprache liegt, darüber habe ich im Fach Deutsch nichts gelernt. Woran das liegt? Das weiß ich nicht.

Ich denke, es könnte das Leben vieler junger Menschen positiv beeinflussen, wenn sie in der Schule etwas darüber erfahren würden, wie sie sich das Leben durch ihre Sprache leichter oder schwerer machen können. Allerdings erfordert das einen bewussten Umgang mit der Sprache. Wahrscheinlich liegt hier der Knackpunkt.

Der Autopilot

Wahrnehmungsübung Ü5

Hier kommt sie wieder – die gestrichelte Linie. Das heißt, deine Arbeitsdisziplin ist gefragt. Um eine hohe Wirkung zu erzielen, lies bitte nur bis zur gestrichelten Linie. Erst wenn du die Übung gemacht hast, liest du weiter. In dieser Übung gibt es sogar 2 gestrichelte Linien. Es ist eine Übung mit 2 Schritten. Für deine Erkenntnis ist es immens wichtig, dass du vor dem Weiterlesen die Übung machst und erst dann in der Übung weitergehst.

Los geht's! Nimm dir dein Handy zur Hand und mach eine Sprachaufnahme. Bitte erzähle, was du heute Morgen gefrühstückt hast oder wie du zur Arbeit gekommen bist.

- -

Jetzt beantworte bitte die folgenden Fragen:
→ Was hast du inhaltlich erzählt?

Das wirst du hoffentlich noch wissen, sonst gibt mir das zu denken 😉. Wahrscheinlich erinnerst du dich an den Inhalt recht gut.

- -

Jetzt wird es schwieriger. Jetzt geht es nicht mehr um das WAS, sondern um das WIE. Mal sehen, ob du dich daran auch erinnern kannst.

→ Welche Worte hast du benutzt?
→ Wie war deine Satzmelodie?
→ Wie viele Sätze hast du benutzt?
→ Hast du lange oder kurze Sätze gemacht?

Kannst du diese Fragen beantworten? Ohne dir die Aufnahme noch einmal anzuhören?

Meistens läuft die Sprache auf „Autopilot". Das heißt: Ich weiß zwar und bin mir (meistens jedenfalls) bewusst, was ich inhaltlich sagen will. Doch wie ich es sage, wie lang meine Sätze sind, welche Worte ich konkret benutze, welche Satzformen und vieles mehr, darüber denke ich nicht nach. Vielleicht bereite ich mich in Ausnahmefällen auf wichtige Gespräche, wie ein Vorstellungsgespräch oder ein Jahresgespräch mit dem Chef vor und gehe geistig durch, wie ich etwas formulieren will. Doch selbst nach so einem Gespräch kann ich oft nicht sagen, wie ich die Sätze formuliert habe.

Ich kann die Falten in deiner Stirn schon fast sehen und die Fragezeichen in deinen Augen. „Ist das denn wichtig? Macht das einen Unterschied? – Es ist doch egal, ob ich einen langen oder kurzen Satz mache – ob ich einen Fragesatz verwende oder eine Aussage. Wichtig ist doch das, was ich sagen will!", das denkst du jetzt wahrscheinlich.

Ja und nein. Das, was du sagen willst, ist selbstverständlich das Wichtigste. Dein Ziel ist vermutlich, dass das genau so beim Empfänger ankommt, wie du es meinst. Deine Art zu sprechen kann dazu beitragen, dass der Empfänger deine Botschaft richtig versteht und möglichst wenig Missverständnisse entstehen. Je nachdem, wie du sprichst, kann dein Gegenüber dir gut folgen – oder eben weniger gut. Je klarer du deine Nachricht sendest und je mehr Inhalt und äußere Form übereinstimmen, umso leichter ist es für deinen Kommunikationspartner, dich und das, was du sagen willst, zu verstehen.

Mühsam nährt sich das Eichhörnchen

Gerade weil meine Sprache meist auf Autopilot läuft und ich mir gar nicht bewusst bin, wie ich gerade spreche und welche Worte ich verwende, ist es eine Herausforderung, meine Sprache zu wandeln. Zuerst einmal ist es notwendig, mir darüber bewusst zu werden. Erinnerst du dich an die verschiedenen Stufen des Lernens? Im Bereich Sprache/ Sprechen bist du fast immer auf dem Level der unbewussten Kompetenz. Du weißt, wie du Sätze bildest, hast einen Wortschatz über den du verfügst, du beherrschst die Grammatik. Im Gegensatz zu einer Fremdsprache kannst du in deiner Muttersprache in der Regel einfach drauf los reden. Ohne dir die Worte vorher im Kopf zurecht zu legen. Das funktioniert in den meisten Fällen. Frei nach dem Satz „Woher soll ich wissen, was ich denke, bevor ich höre, was ich sage?" (das ist übrigens der Titel eines ganzen Buches, Autorin ist Franca Parianen) verhält es sich oft beim Sprechen selbst.

Willst du an deiner Sprache nun etwas ändern, fällst du auf eine andere Stufe zurück. Sobald du weißt, dass du etwas wandeln willst und weißt, wie du es wandeln willst, bist du zurück im Stadium der bewussten Inkompetenz. Schon sind die Worte, die ich vermeiden wollte, wieder herausgerutscht. Und ich merke es erst, wenn ich höre, was ich da gerade gesagt habe. Dabei hatte ich mir doch vorgenommen, es anders zu machen! Oder ich merke, dass ich wieder einen Satz mit mehreren Nebensätzen begonnen habe. Bei diesem Sprachaspekt, weißt du noch nicht genau, wie es geht. Wenn du es weißt und umsetzen kannst, bist du auf der Stufe der bewussten Kompetenz. Du brauchst ständig Aufmerksamkeit und Konzentration. Einfach drauf los reden – das geht jetzt nicht. Zumindest nicht, wenn du den neu gelernten Aspekt umsetzen und anwenden willst.

Hier helfen dir vor allem zwei Dinge:
Geduld und Nachsicht.

1.
Sei geduldig mit dir. Wie bei einer Schonhaltung oder einer Bewegung, die du dir über lange Zeit angewohnt hast, trägst du dein Sprachmuster schon dein Leben lang mit dir herum. Es braucht Zeit, das neue Muster einzuüben und dich daran zu gewöhnen.

2.

Lasse Nachsicht mit dir walten. Bleib entspannt, wenn es dir noch nicht gelingt. Wichtig ist, dass du wahrnimmst, wenn du etwas anders sagst, als du willst. Erkenne kleine Erfolge an und sieh Fehler als Helfer auf dem Weg, es besser zu machen. Du machst es, so gut du kannst und so gut es eben möglich ist. Je weniger du dich dabei unter Druck setzt, umso mehr Spaß und Freude behältst du beim Üben und beim Wahrnehmen von Erfolgen.

Wie du dieses Buch nutzen kannst

Du kannst die folgenden beiden Teile entweder der Reihe nach lesen, wie sie im Buch abgedruckt sind. Oder du schaust ins Inhaltsverzeichnis oder blätterst durch das Buch und gehst zu dem Kapitel, das dich gerade anspricht. Jede einzelne Anregung kannst du ausprobieren, üben und nutzen. Was dich nicht anspricht oder wo du beim Lesen überhaupt keinen Bezug zu dir und deinem Alltag siehst, das lass ruhig sein. Vielleicht kommt später der Zeitpunkt, an dem du damit mehr anfangen kannst. Vielleicht ist das auch etwas, das du von zuhause aus so gelernt hast, was du schon anderswo erfahren und umgesetzt hast oder was für dich nicht relevant ist. Jeder von uns ist anders und jeder spricht anders. Somit hat jeder andere Bedürfnisse.

Wichtig ist, dass du dich nicht überforderst, indem du mehrere Anregungen gleichzeitig umsetzen willst. Oder die Anregungen in jeder Lebenslage und Situation sofort richtig machen willst. Such dir zwei oder drei Gelegenheiten am Tag, bei denen du gezielt das übst, was du dir vorgenommen hast. Mach das ruhig 3-4 Wochen lang. Wenn du das Gefühl hast, jetzt geht es schon ganz gut, suchst du dir die nächste Herausforderung.

Sehr gut zum Üben eignen sich die kleinen Gespräche beim Einkaufen, wenn du einen Termin vereinbaren willst oder E-Mails, die du schreibst. Beim Schreiben hast du den Vorteil, alles noch einmal sorgfältig durchlesen zu können, bevor du die Nachricht abschickst. Je nachdem, wie viele Mails du zu schreiben hast – nimm dir am besten auch hier nur 2-3 Mails pro Tag vor, in denen du übst. Sonst reduziert sich dein Arbeitstempo zu sehr oder es nervt irgendwann nur noch.

Wenn du mit Freunden unterwegs bist, oder du einen netten Abend mit den Kollegen verbringen willst: Sprich so, wie du es gewohnt bist. Hier stehen deine Freude, der Austausch mit anderen und das gesellige Zusammensein im Vordergrund. Und das ist vollkommen in Ordnung.

Je besser es dir gelingt, das neue Sprachmuster zu integrieren, desto öfter wird es dir in anderen Situationen zur Verfügung stehen.

Bleib bei dir

Je mehr ich über die Sprache, bestimmte Worte und Muster weiß, desto mehr höre ich sie vor allem bei meinen Mitmenschen. Vielleicht kennst du das auch. Du hast etwas Neues gelernt und willst dieses Wissen jetzt mit anderen teilen. Du meinst es gut. So groß die Versuchung ist, andere an deinem

Wissen teilhaben zu lassen: Bleib bei dir. Sprache ist etwas sehr Sensibles und Persönliches. Manche Menschen reagieren eher mit Ablehnung, wenn ich ihnen plötzlich erzählen will, wie sie sprechen sollen. Schließlich sind sie bisher gut durchs Leben gekommen. Arbeite an deiner Sprache und entwickle dich und dein Mindset durch deine Sprache weiter. Oft färbt ein veränderter Sprachgebrauch auf andere ab. Weil sie merken, dass irgendetwas anders ist.

ACHTUNG – WICHTIGER HINWEIS!

Dieses Buch ist ein Arbeitsbuch. Es wird dir den größten Nutzen bringen, wenn du das Buch immer wieder zur Seite legst und das, was du gerade gelesen hast, **umsetzt**.

Das Buch wird dir die ein oder andere Erkenntnis bringen, wenn du es nur liest und die Übungen machst. Welche Auswirkung das Wissen aus diesem Buch auf dein ganz persönliches Leben haben kann, wirst du nur erfahren, wenn du mit den Inhalten arbeitest.

Arbeiten heißt in diesem Fall, dich wirklich auf das jeweilige Thema einzulassen. Dir dieses konkrete Thema in deinem Sprachgebrauch und Alltag anzuschauen. Hinzuhören und erst einmal wahrzunehmen, wo und wie du damit umgehst. Und im nächsten Schritt deinen Sprachgebrauch aktiv zu wandeln. Erinnere dich an die vier Stufen des Lernens. Im ersten Stadium wird dir gerade erst bewusst, dass du etwas nicht weißt. Bisher hast du einfach gesprochen. Du hast dir keine großen Gedanken mehr gemacht, wie du Sätze bildest oder welche Worte du benutzen willst. Plötzlich lernst du etwas dazu. So ist der Übergang in Stufe zwei oft schleichend. Nun weißt du mehr. Vielleicht nimmst du es in deiner Sprache noch gar nicht wahr. Ein erster Schritt ist es, diesen Aspekt bei anderen wahrzunehmen. Gelingt dir das gut, arbeite daran, den Aspekt bei dir selbst wahrzunehmen. Wenn dir das glückt, erreichst du Stufe zwei – die bewusste Inkompetenz. Du nimmst wahr, dass du es anders sagst, als du willst. Dieser Schritt ist wichtig, denn erst, wenn du es bemerkst, kannst du es ändern. Allerdings ist das eine herausfordernde Phase, in der du immer wieder mit deinen Fehlern konfrontiert wirst. Jetzt weißt du, wie es „richtig" ist – doch noch oft setzt sich das alte Muster wieder durch. Erst nach und nach wird es dir gelingen – du erklimmst die Stufe der bewussten Kompetenz.

Je nach Thema braucht das seine Zeit. Mindestens 2–3 Wochen, besser sind 4–6 Wochen. Gönn dir diese Zeit, nur so kann der sprachliche Aspekt seine Wirkung entfalten und auf dein Leben wirken. Somit kannst du dieses Buch fast wie ein Jahresprogramm ansehen, mit dem du ein ganzes Jahr lang deine Sprache aktiv wandelst und dich dabei weiterentwickelst.

Falls du – wie ich – zu den neugierigen und ungeduldigen Menschen gehörst und viel lieber weiterlesen willst als erst einmal lange auszuprobieren: Wenn du willst, lies dieses Buch (oder hol dir die Version als Hörbuch, dann kannst du es unterwegs hören – das geht oft noch schneller als lesen 😉) bis zum Ende durch. Versprich mir nur eines:

Wenn du beim Lesen eines oder mehrere Themen entdeckst, an denen du arbeiten willst, dann steig bei genau diesem Kapitel noch einmal ein. Lies nur dieses eine Kapitel noch einmal, mach die Übungen und schenke dir die Zeit und die Erfahrung, dich auf dieses Thema zu konzentrieren und damit zu arbeiten. Nach 3-6 Wochen kannst du dir das nächste Thema vornehmen. Versprochen?

Warum ist mir das so wichtig?

Ich glaube, manche Anregungen hast du schon gehört. Du weißt davon, du kennst sie. Du hast mit dem Verstand erfasst, dass ein Wort wie „müssen" negative Auswirkungen haben kann und du es besser vermeiden solltest. Hatte das eine Auswirkung auf dein bisheriges Leben? Ganz ehrlich: Jeder Mensch weiß und hat mit dem Verstand erfasst, wie wichtig Bewegung für unseren Alltag ist oder wie gesunde Ernährung geht (und dass Süßigkeiten oder Cola in rauen Mengen nicht dazu gehören). Das wissen die meisten. Doch auf der anderen Seite fällt es so vielen Menschen trotzdem schwer, sich aufzuraffen. Sich für einen Spaziergang oder gar zum Sport zu motivieren. Oder sich gesund zu ernähren. Was ich damit meine: Wissen ist nur das Eine. Wissen alleine bringt dich nicht weiter. Wenn du etwas erreichen, etwas verändern willst, kommt es auf deine Umsetzung an! Nur wenn du das, was du weißt, auch in deinen Alltag integrierst, täglich damit arbeitest und dieses Wissen anwendest, wird es sich auf dein Leben auswirken. Oder hast du schon einmal erlebt, dass sich dein Wissen darüber, wie wichtig Sport ist, positiv auf deine Kondition ausgewirkt hat? Oder dein Wissen über gesunde Ernährung auf dein Gewicht, solange du es nicht umsetzt?

Ich will, dass du es nicht nur weißt und kennst. Ich will, dass du dieses Wissen konkret anwendest und damit deine eigenen Erfahrungen machst. Dass du selbst einen Unterschied wahrnimmst und spürst, welche Auswirkungen es auf dich persönlich hat.

Dabei kann es sein, dass du manches abweichend empfindest als ich. Dass manche Hinweise für dich nicht stimmig sind und du es anders siehst. Das ist vollkommen in Ordnung. Du bist ein anderer Mensch als ich, hast andere Erfahrungen, andere Dinge erlebt, lebst in deinem ganz eigenen Umfeld.

Nur wenn du mit dem Wissen aus deinem Kopf arbeitest, wird es zum Verstehen, zum Können. Mein Ziel ist es, dass dieses Wissen aus deinem Kopf als deine ganz eigene Erfahrung in dein Herz rutscht und du spürst, was dir und anderen gut tut. Das braucht mehr Zeit, ist jedoch umso tiefer in dir verankert und bringt dir ein Vielfaches an Nutzen.

Bevor es mit den Anregungen los geht, habe ich noch eine Aufgabe für dich. Einige Übungen hast du bereits gemacht. In diesem Buch findest du noch viele weitere Übungen verschiedener Art. Da es um deine Sprache geht, sind Übungen dabei, bei denen du ganz achtsam auf deinen Sprachgebrauch schaust und genau hinhörst. Manchmal gibt es Übungen, bei denen du etwas umformulierst oder dir etwas notieren sollst.

Besorge dir bitte ein Übungsheft oder -buch. Dieses Heft wird dich auf deiner Entdeckungsreise durch deine Sprache und durch das Buch begleiten. Die Übungen, bei denen du mit deinem Heft arbeitest, sind mit einem Stiftsymbol gekennzeichnet. So kannst du dir gleich dein Heft bereitlegen und dann direkt mit der Übung starten.

Teil II

Deine Sprache & du

Kapitel 4

Oft bin ich Worten ausgesetzt

Ich hoffe, ich konnte dir im ersten Teil des Buches verständlich machen, welche Kraft und damit auch welche Auswirkung Sprache auf mein und dein Leben hat. Im negativen Sinn hast du wahrscheinlich schon erlebt, wie verletzend Worte sein können. So wie ich in meiner Geschichte am Anfang des Buches.

In diesem Teil geht es nun darum, was du konkret tun kannst und worauf du achten kannst. Ich gebe dir Anregungen und Hinweise. Wähle du selbst aus, was dich anspricht oder wovon du dir den größten Nutzen erhoffst. Ein kleiner Tipp: Manchmal haben gerade die Themen, auf die wir ganz intensiv reagieren, einen großen Effekt. Wenn du zu einem Thema kommst, bei dem du starken Widerspruch in dir aufkommen spürst und bereit bist, dich trotzdem darauf einzulassen, dann beginne mit diesem Thema. Lass dich überraschen, welche Auswirkungen sich zeigen werden.
Sprache wirkt immer – und sie wirkt in zwei Richtungen. Sie wirkt nach außen. Zu dem hin, der das hört, was ich sage. Gleichzeitig wirkt sie auch nach innen. Auf mich, die ich die

Worte sage. Deshalb sind die Anregungen, die ich dir in diesem Teil mit der Überschrift „deine Sprache & du" gebe, vor allem darauf ausgerichtet, dir das Leben leichter zu machen. In diesem Abschnitt des Buches geht es noch nicht darum, Kommunikation zu verbessern oder dafür zu sorgen, dass das, was du sagen willst, genau so beim Empfänger ankommt. Erst einmal ist mir wichtig, dir einige sprachliche Muster und deren Wirkung zu zeigen, die dir das Leben oft schwer machen und zu Druck, Hektik oder Frustration führen können.

Ich lade dich ein, die Übungen, die ich im Folgenden immer wieder einstreuen werde, auszuprobieren. Nur dann wirst du selbst die Erfahrung machen, was Sprache bewirkt. Wissen ist das Eine. Tun, Umsetzen, Erfahrungen machen und Können – darauf kommt es an.

Los geht's.

Übung

Ü6

Ich lade dich zu einem Experiment ein. Das Experiment machst du am besten in Ruhe und ungestört. 5 Minuten Zeit sind für das Experiment selbst vollkommen ausreichend.
Bitte plane es so ein, dass du die nebenstehenden Fragen direkt im Anschluss für dich beantworten kannst. Dich erwartet ein kleines Audio, in dem ich dir alles Weitere erkläre.

Bitte scanne den QR-Code mit deinem Handy oder gib den Link bit.ly/3EMGKQ3 in deinen Browser ein.

Wie war das für dich?

Bitte schreib deine Antworten in dein Übungsheft.

→ Wie haben diese Worte sich für dich angefühlt?

→ Waren alle vom Gefühl her gleich?

→ Gab es ein Wort, das sich gut und angenehm angefühlt hat?

→ Welches Wort war das?

→ War auch ein Wort dabei, das dir unangenehm war, das ein negatives Gefühl, Unruhe, Anspannung oder ähnliches bei dir ausgelöst hat?

→ Welches Wort war das?

→ Sind zu manchen Worten Bilder in deinem Kopf entstanden?

In diesem Experiment konntest du die Wirkung von Worten ganz direkt erleben. Im Alltag bleibt meist nicht die Zeit, einzelnen Worten und dem, was sie in dir auslösen, nachzuspüren. Trotzdem ist der Effekt da. Die Worte, die du benutzt, lösen genau diese Gefühle und Empfindungen aus, die du gerade erlebt hast. Ob du das bewusst wahrnimmst oder nicht. Manchmal wunderst du dich, warum du nach dem Gespräch mit dem Kollegen oder der Nachbarin irgendwie schlecht gelaunt bist oder eine latente Sorge dich umtreibt. Habt ihr im Gespräch über Krankheiten, Stress, Probleme, Ärger und andere Dinge gesprochen, könnte das der Auslöser gewesen sein.

Meine Welt und deine Welt

Ü7 Partnerübung

Für diese Übung brauchst du eine zweite Person.

Beachte auch bei dieser Übung die gestrichelten Linien. Es ist eine Übung, die in mehrere Schritte aufgeteilt ist. Lies die Anweisungen nur jeweils bis zur gestrichelten Linie. Lies wirklich erst dann weiter, wenn du die Übung bis dahin gemacht hast.

Nimm dir noch einmal das Audio zur Hand (bit.ly/3EMGKQ3)

Such dir jemanden aus deinem Umfeld aus und spiele ihm oder ihr die Aufnahme vor.
Stell dieser Person die Fragen, die ich dir am Ende der Übung 6 (S. 69) gestellt habe. Tauscht Euch darüber aus.

Waren es dieselben Worte, die auf den anderen angenehm oder unangenehm gewirkt haben? Das kann sein. Doch ist es nicht immer so.

- -

Jetzt wird es spannend: Die letzte Frage zu der Übung war: „Sind zu manchen Worten Bilder in deinem Kopf entstanden?"

Welches Bild ist beim Wort „Blume" in deinem Kopf aufgetaucht?

- -

Bitte frag deinen Übungspartner, welches Bild in seinem Kopf zum Wort „Blume" aufgetaucht ist.

Sind die Bilder identisch?

Oder hat jeder von Euch seine „eigene" Blume im Kopf?

Mach das Experiment gerne mit weiteren Menschen.

Wahrscheinlich hat jeder sein ganz eigenes Bild zu diesem Wort. Der eine sieht eine Rose vor seinem geistigen Auge, die andere eine Sonnenblume und die dritte ein Maiglöckchen.

Wir reden von einer Blume. Doch es tauchen ganz unterschiedliche Bilder zu diesem einen Wort in Menschen auf. Stell dir folgende Situation vor: Du sprichst mit jemandem über deine Blume. Du erzählst ihm, dass sie rot ist und Dornen hat. Dein Gesprächspartner widerspricht dir. Er ist der Ansicht, die Blume ist ganz eindeutig blau und Dornen hat sie ganz sicher nicht. Wer von beiden hat Recht? Wie sieht die „Blume" denn nun wirklich aus? Oder habt ihr am Ende beide Recht?

Das klingt ganz weit hergeholt?

Im Beispiel mit dem Wort Blume werdet ihr relativ schnell dahinterkommen, wo der Grund für eure Auseinandersetzung zu finden ist. Ist es dir in deinem Alltag schon einmal passiert, dass du mit jemandem diskutiert hast und ihr unterschiedlicher Meinung wart? Zum Beispiel darüber, was Ordnung, Sauberkeit oder Pünktlichkeit bedeutet? Über eine Beziehung? Oder darüber, wer erfolgreich oder reich ist?

Noch viel mehr als bei der Blume handelt es sich bei diesen Begriffen nicht um greifbare und eindeutig definierte Dinge. Jeder Mensch hat seine ganz eigene Auffassung und damit sein ganz eigenes Bild von all diesen Begriffen. Hast du mit ihm noch nicht darüber gesprochen und habt ihr die Bilder noch nicht abgeglichen, kann das der Grund für eure Auseinandersetzung oder Diskussion sein. Weil im übertragenen

Sinne du von der Rose sprichst und dein Gegenüber vom Vergissmeinnicht. Was beim Beispiel mit der Blume vollkommen logisch und einleuchtend ist, vergessen wir oft, wenn es um Begriffe geht, die nicht greifbar sind. Bei denen ich mir selbst oft unsicher bin, was ich genau darunter verstehe und wie das für mich aussieht. Manchmal ist mir nur klar, wie es nicht für mich aussieht.

Anregung: Bist du mit jemandem in Streit geraten oder kannst einfach nicht verstehen, wie der andere das genau so sehen kann? Oder führt ihr eine Diskussion, die auf der Stelle tritt, weil jeder der Beteiligten Recht haben will und auf seinem Standpunkt beharrt? Überlege einmal, worum es gerade geht und ob vielleicht doch jeder Recht haben kann. Möglicherweise kommt ihr einen entscheidenden Schritt voran, wenn ihr eure gedanklichen Bilder, Vorstellungen und Erfahrungswelten zum Thema austauscht.

Was sind deine Lieblingsworte?

Jeder von uns hat seine ganz persönlichen Lieblingsworte, die er gerne und viel benutzt. In der deutschen Sprache stehen uns 17,4 Millionen Wörter zur Verfügung. Aktiv benutzen wir nur 12.000 bis 15.000 Worte, also nur einen Bruchteil dessen, was uns zur Verfügung steht. So stellt sich jeder Mensch aus der Fülle an Worten sein ganz eigenes Wörterbuch zusammen. Dass jedes Wort eine Wirkung hat, die es mit sich bringt, hast du gerade im Experiment erlebt. Die Wirkung ist gleich – ob ich das Wort sage oder höre. Den Worten anderer bist du oft ausgeliefert.

Darüber, welche Worte du aktiv verwenden und welche Gefühle du dir mit diesen Worten in dein Leben holen willst, entscheidest du selbst.

Die Lieblingsworte meiner Schwiegermutter sind: Problem, Katastrophe und schwierig. Diese Worte benutzt sie sehr häufig. Was denkst du, wie ihr Leben aussieht? Entspannt, voller Freude und Leichtigkeit? Oder voller Schwierigkeiten, Probleme und Katastrophen?

Im Experiment gab es ein paar Worte, die auf viele Menschen unangenehm wirken. Zum Beispiel schwierig, Problem oder das Wort Stress. Verwendest du diese Worte häufig? Viele Menschen haben solche Worte, die negative Gefühle auslösen, in ihrem Sprachgebrauch etabliert. In manchen Redewendungen sind sie zu finden. Auf die Frage „Wie geht es dir?" antwortet so mancher standardmäßig mit „Stress, wie immer!".

Ü8 Übung für den Alltag

 Geh auf die Suche nach den Worten, die **du** häufig verwendest. In dieser Übung geht es vor allem um Hauptwörter, Eigenschaftswörter und Verben. In manchen Fällen sind es bestimmte Redewendungen, die du dir angewöhnt hast. Füllworte wie vielleicht, quasi, natürlich oder ähnliche bleiben im Moment außen vor. Für die gibt es ein Extra-Kapitel 😉. Sollte dir nichts einfallen, frag deine Kollegen, deinen Partner, deine Familie. Meistens haben sie einen Hinweis für dich.

Schreib dir diese Worte in dein Arbeitsheft. Nimm wahr, was das für Worte sind. Lass sie dir sozusagen auf der Zunge zergehen und spür nach, welche Bilder und Emotionen in dir auftauchen.

Im nächsten Schritt überlege dir, ob du all diese Empfindungen, die diese Worte auslösen, haben willst. Oder ob du anfangen willst, mit deinen Worten achtsamer umzugehen.

Falls es Worte gibt, mit denen du bewusster umgehen willst als bisher, such dir am besten schon jetzt ein paar alternative Worte. Synonyme, die du anstelle dieses Wortes einsetzen kannst. So bist du vorbereitet, wenn der Fall der Fälle eintritt und es fällt dir leichter, ein anderes Wort zu verwenden.

Interessanterweise achten wir bei vielen anderen Dingen sehr genau darauf, ob sie uns gut tun oder nicht und ob sie uns gefallen oder zu uns passen. Ich denke, du wirst deine Kleidung nicht zufällig aus dem Schrank nehmen, sondern ganz bewusst wählen, was du heute beziehungsweise zu einem speziellen Anlass anziehen willst. Bei Worten handeln wir oft ganz anders. Wir benutzen die, die wir gewohnt sind, wir machen es einfach so, wie jeden Tag – ob diese Worte eine positive Wirkung haben oder nicht.

Ich wollte meinen Gebrauch des Wortes „müssen" reduzieren. Oft war es so, dass ich den Satz doch wieder mit „müssen" formuliert hatte. Entweder während des Sprechens oder erst, wenn der Satz schon raus war, merkte ich, dass ich schon wieder

„müssen" gesagt hatte. Ich habe den Satz danach noch einmal neu formuliert – ohne „müssen". Irgendwann hat es funktioniert und der Satz kam gleich beim ersten Mal „richtig" raus.

Richtige und falsche Worte

Wichtig ist mir, dass du Worte für das verwendest, wofür sie gedacht sind. Gibt es eine Krise, dann sag das auch so. Das ist vollkommen in Ordnung. Es geht vor allem darum, Wörter bzw. Sprache allgemein in einem sinnvollen Kontext zu verwenden. Wenn es stimmig ist mit dem, was ist. Wenn ich sagen will, dass mich eine Situation gerade fordert oder nervt, kann ich das genauso sagen. Mancher ist permanent im Krisenmodus unterwegs, weil er sich den Satz „Ich krieg die Krise!" angewöhnt hat. Er steht dadurch permanent „unter Strom" und ist angespannt.

Jedes Wort hat einen Sinn und seine Berechtigung. Verwende ich Worte inflationär – also zu jeder passenden und unpassenden Gelegenheit, stimmt die Wortbedeutung oft nicht mit dem überein, was eigentlich ist. Zum Beispiel beim Wörtchen „schnell". Es gibt ein schnelles Auto. Ich kann schnell rennen. Bestimmt hast du auch schon folgende Sätze gehört: „Ich geh schnell auf die Toilette.", „Ich mach` schnell Pause!" oder „Ich muss noch schnell einen Kuchen backen." Bäckt der Kuchen schneller, wenn ich ihn schnell backe? Oder braucht er genauso lang, wie wenn ich ihn nur backe? Was das Wort „schnell" auf jeden Fall bewirkt, wenn du es häufig in deine Sprache einbaust: Du setzt dich selbst unter Druck, erzeugst Hektik und Stress. Es soll ja alles „schnell" gehen! Vor allem im Zusammenhang mit der Pause ist das Wort „schnell" völlig fehl am Platz. Eine Pause steht für Ruhe und Erholung. Wie passt dazu das Wort „schnell"?

Benutze alle Worte, die du benutzen willst. Sei dir nur darüber bewusst, dass jedes Wort eine Wirkung hat.

Übung für den Alltag

Ü9

Erweitere dein privates Wörterbuch aktiv. Such dir ein oder mehrere Worte aus, die dir gut tun, die dich in gute Stimmung bringen. Das können auch Werte oder Eigenschaften sein, von denen du mehr in deinem Leben haben willst. Schreib dir diese Worte in dein Notizheft.

Deine Herausforderung besteht darin, diese „neuen" Worte bewusst in deinen Alltag einzubauen. Gelegenheiten zu finden, in denen du diese Worte einsetzen kannst – im Denken oder Sprechen. Meist wird sich mit der Zeit auf wundersame Weise mehr davon in deinem Alltag zeigen.

Falls du Anregungen für „neue" Worte brauchst:

zufrieden, Zufriedenheit, Tatkraft, Ruhe, Frieden, behütet, geruhsam, wertvoll, Wunder, wundervoll, zauberhaft, frei, behaglich, energetisch, geborgen, Erfolg, vorwärts, sanft...

Kapitel 5

Sag, was du willst!

Im letzten Kapitel habe ich schon kurz angesprochen, dass wir ganz oft wissen, was wir nicht wollen oder wie die Dinge für mich nicht sind. Damit sind wir schon mitten im nächsten großen Thema angekommen.

Kein Problem!

In dem Experiment, das ich dir im letzten Kapitel angeboten habe, habe ich versucht, dir die Wirkung von Worten deutlich zu machen. Falls du das Audio-Experiment auf S. 68ff noch nicht gemacht hast, hol es bitte jetzt nach. Das macht es für das Verständnis dieses Kapitels einfacher.

Bei diesem Experiment hast du am eigenen Körper wahrnehmen können, dass Worte wirken. Dass manche Worte eher negative Gefühle in dir auslösen und sich unangenehm anfühlen. Interessanterweise holen sich viele Menschen genau diese Gefühle, auf die sie lieber verzichten würden, oft unbewusst durch ihren

Sprachgebrauch in ihr Leben. Obwohl sie etwas ganz anderes mitteilen wollen. Sie nutzen die Form der Verneinung, die sogenannte Negation. Negationen sind in vielfältigen Varianten in unserer Sprache versteckt.

Zum Beispiel in den Worten:
            nicht
            kein, keiner
            nie, niemals
            ohne
            niemand

In den Vorsilben

            des- wie in desinteressiert
            un- wie unsympathisch
            il- wie in illoyal
            a- wie in asozial

Oder in den Nachsilben
            -los wie in taktlos
            -frei wie in schmerzfrei

Ebenso in der Konjunktion weder... noch.

Wie du siehst, gibt es vielfältige Möglichkeiten. Die Negationen sind teilweise ziemlich versteckt und wir sind sie in unserer Sprache so gewohnt, dass es uns oft gar nicht auffällt, wenn wir eine Verneinung benutzen. So geht es mir jedenfalls. Ich bin beim Schreiben, vor allem dieses Kapitels sehr darauf bedacht, möglichst wenige Negationen zu benutzen. Denn genau darum geht es.

Was gibt es an „Kein Problem!" auszusetzen?

Im letzten Kapitel habe ich dir von meiner Schwiegermutter und ihren Lieblingswörtern erzählt. Eines davon ist Problem. Es kommt zu dieser Häufung, weil sie genau diesen Satz immer wieder sagt: „Das ist kein Problem." Egal, ob wir fragen, ob wir zum Kaffee kommen können, ob wir etwas zum Trinken brauchen oder Milch für den Kaffee oder ob sie etwas aus ihren Unterlagen heraussuchen soll, damit wir ihr helfen können. Die Standardantwort ist „Kein Problem." Damit schwirren nach zwei Stunden ganz schön viele Probleme in der Luft und in den Gefühlen herum. Probleme, die es gar nicht gibt.

Auf die Perspektive kommt es an

Worum geht es? Was will Sie uns mit dieser Antwort sagen? Je nach Situation kann das ganz unterschiedlich sein. Von „Ja, kommt gerne vorbei, ich freue mich." Über „Ich bringe dir Wasser" oder „Die Milch steht im Kühlschrank. Nimm dir, soviel du brauchst." bis hin zu „Ich suche es dir gleich heraus, bitte warte einen Moment." Genau das sagt sie **nicht**. Zum einen benutzt sie immer wieder ein Wort, das negativ behaftet ist. Zum anderen gehört es ganz woanders hin.

Unser Gehirn arbeitet mit Bildern. Zu den Worten und Sätzen, die wir sagen und hören, entstehen im Kopf Bilder. Verwende ich Sätze mit einer Verneinung, entsteht vor meinem geistigen Auge genau das Bild von dem, was ich vermeiden will. Wahrscheinlich kennst du das Beispiel von dem rosa Elefanten, an den du **nicht** denken sollst. Diese Aufforderung überfordert unser Gehirn. Es kann nicht **nicht** an etwas denken. Es kann nur an etwas denken. Im Beispiel mit dem rosa Elefanten entsteht zuerst das Bild vom rosa Elefanten. Danach wird das Bild durchgestrichen. Deswegen ist der Elefant immer noch da. Das heißt, mein Gehirn hat die Aufgabe, sich bewusst ein anderes Bild zu suchen, um das Bild des Elefanten wieder loszuwerden. Das ist ein gedanklicher Umweg, der viel geistige Flexibilität und auch Kapazität in Form von Zeit und Energie verbraucht.

Übung

Ü10

Bestimmt kennst du auch solche Sätze wie „Kein Problem."
Kommen dir welche in den Sinn, die du immer wieder verwendest?
(Frag gerne dein Umfeld, die haben vielleicht einen Tipp für dich).
Schreib sie in dein Arbeitsheft.

Hast du welche gefunden?

Falls nicht, hier sind noch einige Beispiele, die ganz ähnlich sind:
→ Mach dir keinen Stress!
→ Mach dir keine Sorgen!
→ Hab keine Angst!

Ü11 Übung

Achtung, jetzt wird es akrobatisch! Ich lade dich ein, dir im ersten Schritt zu überlegen, was deine Sätze aus der Übung 10 eigentlich aussagen sollen. Bleib ganz wachsam, denn oft schleichen sich auch hier wieder Negationen ein.

Im zweiten Schritt formuliere die Sätze um und finde Alternativen, die für dich und deinen Alltag passen.

Unsere armen Kinder

Ganz oft verwenden wir die Verneinung in der Kindererziehung.

Ü12 Übung

Kommen dir Sätze in den Sinn, in denen Menschen ihre Kinder ermahnen, was sie nicht tun sollen? Notiere sie in deinem Arbeitsheft.

Falls nicht, habe ich hier einige Beispiele für dich:

→ Du sollst nicht kleckern!

→ Lauf nicht so schnell!

→ Spring nicht in die Pfütze!

→ Lass nicht immer alles liegen!

Übung

Ü13

Um gleich etwas mehr Routine im Umformulieren von Negationen zu bekommen, wandle die Negationen, die du gefunden hast, in die Position (also die positive Formulierung) um.

Für Kinder ist das eine echte Herausforderung! Im Ergebnis kommt meist genau das heraus, was sie eben nicht tun sollen. „Ich habe dir doch gesagt, du sollst nicht…!" – Genau deswegen! Weil du damit das Bild im Kopf erst erzeugt hast. Von Kindern zu erwarten, den gedanklichen Umweg über die Negation dorthin zu machen, wo wir sie hin haben wollen – ist ganz schön viel verlangt! Dabei gehen wir davon aus, dass das Kind weiß, wie das von uns erwünschte Ergebnis aussieht. Ob das immer zutrifft, wage ich zu bezweifeln.

Viel einfacher zu verstehen ist für Kinder und Erwachsene die sogenannte Position. Das ist die positive Formulierung im Gegensatz zur Negation.

Indem du davon sprichst, was ist oder was du erreichen willst, lenkst du deine Aufmerksamkeit und deine Konzentration auf genau das. Das ergibt viel mehr Sinn, als dich auf das zu konzentrieren, was du vermeiden willst. Vor allem ist es gehirngerecht und funktioniert richtig gut.

Stell dir vor, du sitzt in deinem Auto und willst nach Berlin fahren. Was gibst du in dein Navi ein? Eine Adresse in Düsseldorf? Um dann den Anweisungen des Navis nicht zu folgen? Oder doch die Zieladresse in Berlin? In diesem Zusammenhang ist uns vollkommen klar, wie es funktioniert, wenn ich ein Ziel habe und das Ziel erreichen will. Nur in unserer Sprache verhalten wir uns so, als wüssten wir das nicht.

Vielleicht geht es dir wie mir. Es gibt Situationen, da weiß ich genau, was ich **nicht** will. Wenn ich an diesem Punkt stehen bleibe, werde ich wahrscheinlich nie von dort wegkommen. Als ersten Schritt in eine neue Richtung ist es hilfreich, mir darüber klar zu werden, was ich nicht will. Doch das ist erst der Anfang! Ganz wichtig ist es, dass ich eine Vorstellung von dem entwickle, was ich will. Dass ich ein neues Bild erschaffe und mir eine Vorstellung mache von dem, wo ich hin will. Statt bei dem stehenzubleiben, was ich hinter mir lassen will. Wenn ich sozusagen mein inneres Navi auf das neue Reiseziel einstelle. Nur dann habe ich die Chance, tatsächlich dort anzukommen.

Übung für den Alltag

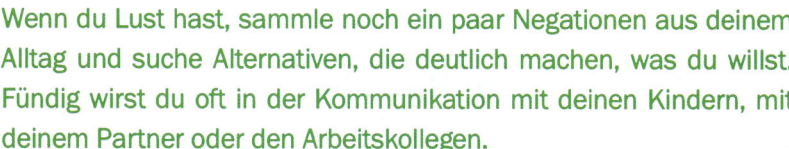

Wenn du Lust hast, sammle noch ein paar Negationen aus deinem Alltag und suche Alternativen, die deutlich machen, was du willst. Fündig wirst du oft in der Kommunikation mit deinen Kindern, mit deinem Partner oder den Arbeitskollegen.

Schreib dir die Negationen in dein Arbeitsheft und lass entweder daneben oder darunter jeweils Platz für deine „Übersetzung" in die Position.

Ein besonderes Schmankerl habe ich noch für dich:

„Fallen Sie bloß nicht hin!" Das sagen manchmal Ärzte zu ihren Patienten. Abgesehen davon, dass ich mir noch nie vorher vorgenommen habe, heute mal so richtig auf die Nase zu fallen – wie mache ich denn das? Denke ich mir das in dem Moment, wenn ich stolpere und anfange zu fallen? Also, mitten im Sturz erinnere ich mich an die Ermahnung des Arztes, und schon kann ich den Sturz abwenden? Das wäre toll.

Meist hat diese Warnung vor allem eines zur Folge: Verängstigte und unsichere Patienten, die sich kaum noch bewegen. Die aus lauter Angst, sie könnten stürzen, lieber im Sessel sitzen bleiben.

Die Angst vor dem Sturz bedingt oft den nächsten Sturz, weil Muskulatur abgebaut wird und der Patient unbeweglicher wird. Ein „Achten Sie gut auf sich." kann im Alltag eher umgesetzt werden und weist auf das hin, was ich erreichen will.

Also immer positiv denken?

Auch beim Thema der Negationen gibt es weder richtig noch falsch. Wie so oft kommt es darauf an, was ich sagen will und dass ich mir der Wirkung meiner Sprechweise bewusst bin. Manchmal hilft mir eine Negation, Sachverhalte zu verdeutlichen oder zu verstärken. Zum Beispiel: „Heute sind alle Schüler in der Schule, keiner fehlt." Bei Verboten arbeiten wir meist mit Negationen. Die meisten der 10 Gebote sind beispielsweise in Negationen verfasst. Für mich ist ein „Du sollst nicht töten." klarer formuliert als eine Variante wie zum Beispiel „Du sollst das Leben achten." Es zieht eine klare Grenze. Negationen brauche ich, wenn es darum geht, eine Abneigung auszudrücken. „Ich mag keine Pilze." kann ich kaum anders formulieren, wenn es mir darum geht, das mitzuteilen. Ich kann zwar alles aufzählen, was ich mag. Doch in diesem Fall bringt die Verneinung den Sachverhalt schneller auf den Punkt. Genauso sieht es aus, wenn ich mich strikt weigere, etwas zu tun. Eine positiv formulierte Alternative zu „Ich will Peter nicht heiraten!" zu finden, ist schwer. Zumindest solange bis sich ein neuer geeigneter Kandidat gefunden hat.

Negationen sind also weiterhin „erlaubt". Es geht nur darum, zu verstehen, was sie bewirken und auslösen.

Kapitel 6

„Wenn ich nur darf, wenn ich soll,
aber nie kann, wenn ich will,
dann mag ich auch nicht, wenn ich muss.
Wenn ich aber darf, wenn ich will,
dann mag ich auch, wenn ich soll,
und dann kann ich auch, wenn ich muss.
Denn schließlich:
Die können sollen, müssen wollen dürfen.“

(Heinz Schirp)

Lass dir dieses Zitat gerne auf der Zunge zergehen und lies es noch ein- oder zweimal, bis du es ganz erfasst hast (vielleicht hast du das auch schon getan). Auf den ersten Blick schwirrt mir der Kopf vor lauter dürfen, können, sollen, wollen, müssen und mögen. Dieses Kapitel wird sich um genau diese sechs Worte drehen. Es handelt sich um die sogenannten Modalverben im Deutschen. Modalverben?! Was soll das denn sein? Modalverben sind sogenannte Hilfsverben. Am obenstehenden Zitat ist besonders, dass die Modalverben nicht als Hilfsverben gebraucht werden, sondern alleine für sich stehen. Was genau ich darf, soll oder muss, das bleibt unklar. Heinz Schirp spielt in diesem Zitat mit den Modalverben und ihrer Bedeutung.

In Zusammenhang mit einem Verb verändern Modalverben die Bedeutung eines Satzes in zwei verschiedenen Ebenen.

Ü15 Wahrnehmungsübung:

Die Wirkung der Modalverben wird deutlich, wenn du einen einfachen Satz mit jedem einzelnen Modalverb einmal durchgehst.

Ich esse Schokolade.
Ich muss Schokolade essen.
Ich kann Schokolade essen.
Ich will Schokolade essen.
Ich darf Schokolade essen.
Ich soll Schokolade essen.
Ich mag Schokolade essen.

Hast du den Unterschied bemerkt? In manchen Sätzen macht das Schokolade essen deutlich mehr Spaß, oder? (Jedenfalls dann, wenn du Schokolade magst, so wie ich 😉).

Die erste Ebene auf die das Modalverb einen Einfluss hat, ist der Grad der Fremd- oder Selbstbestimmung. Habe ich mir etwas selbst ausgesucht, ist es mein Wille oder ist das eine Aufgabe oder Pflicht, die mir ein anderer aufgetragen oder gar aufgebürdet hat? Damit gibt das Wort gleichzeitig eine Information darüber, auf welcher Hierarchiestufe ich stehe bzw. wo ich mich sehe. Gibt es andere, die über mich und mein Leben bestimmen? Oder bin ich es?

Die zweite Ebene gibt einen Hinweis darauf, wie angenehm oder unangenehm mir die Tätigkeit ist, um die es im Satz geht. Das geht oft mit der Selbst- und Fremdbestimmung einher. Das heißt, die Aufgaben, die ich von mir aus tun will, sind oft mit mehr Freude verbunden als die, die mir ein anderer aufträgt. Es ist sozusagen der Spaßfaktor, der durch das Modalverb verdeutlicht wird.

Übung: Ü16

Übertrage dieses Diagramm in dein Arbeitsheft. Trage die Modalverben können, müssen, mögen, wollen und sollen so in das Diagramm ein, dass sie für dich stimmig sind.

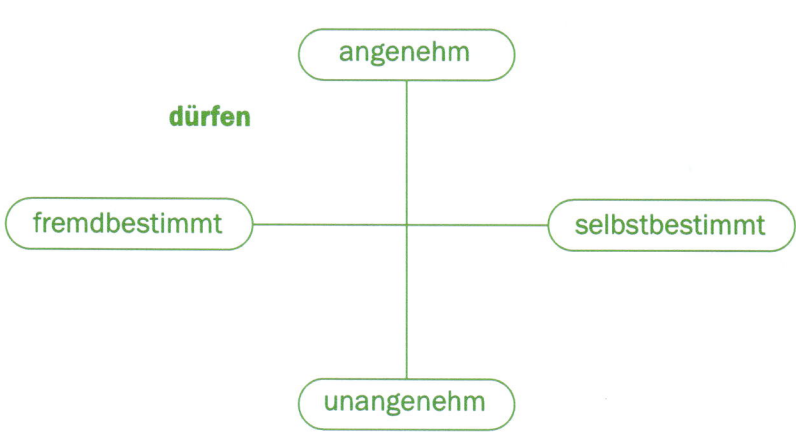

Als kleine Hilfe für dich habe ich das erste Modalverb schon eingetragen: Dürfen ist für mich fremdbestimmt. Es gibt jemanden, der mir die Erlaubnis gibt, etwas zu tun. In manchen Fällen kann das so etwas wie eine innere Instanz in mir sein. Wenn ich mir selbst erlaube, jetzt eine Pause zu machen oder das Stück Schokolade zu essen. Entweder gibt es also tatsächlich jemanden, der über mir steht oder ich bin es selbst. Wenn ich etwas darf, ist das meistens eher angenehm, ich freue mich.

Müssen

Das Wort „müssen" war eines der ersten Worte, an denen sich mir die Kraft der Sprache in meinem Alltag offenbart hat. Vielleicht erinnerst du dich an meine Geschichte, die ich dir in der Widmung erzählt habe. Dieses Wort hat mein Leben bestimmt und sich wie ein roter Faden von morgens bis abends durch meinen Tag gezogen. Ich musste alles – vom Aufstehen bis zum Schlafen gehen. Und habe mir innerlich immer wieder alles vorgesagt, was auf meinen To-Do-Listen stand und damit von mir erledigt werden „musste".

Müssen habe ich auf meinem Diagramm links unten eingetragen. Was ich muss, das fühlt sich unangenehm und fremdbestimmt an. Ein anderer entscheidet für mich, so fühlt es sich jedenfalls an. Das nimmt mir gleichzeitig die Macht, diese Entscheidung selbst zu treffen und eine Wahl zu haben.

„Müssen" erzeugt bei mir Druck, es macht mich klein und hilflos. Ich bin den Umständen ausgeliefert, werde zum Opfer. All diese Gefühle hole ich mir durch die inflationäre Verwendung des Wortes „müssen" in mein Leben. Willst du dich so fühlen? Ich wollte mich ganz anders fühlen: selbstbestimmt, sicher, den Herausforderungen gewachsen und frei. Ich habe mir das Wort bzw. diese Art, Sätze zu bilden, angewöhnt und täglich praktiziert.

Für ein Interviewprojekt stellte ich meinem Vater vor ein paar Jahren die Frage: „Warum stehst du morgens auf?" Er ist mit Leib und Seele Therapeut und hat viel Freude an seinem Beruf. Doch was sagte er auf diese Frage? „Weil ich muss. Weil der Wecker schellt."

Hätte ich schon früher gewusst, dass ich mir mit diesem Modalverb Ohnmacht, Hilflosigkeit, Druck und Hektik aktiv in mein Leben hole – ich hätte dieses Wort schon viel länger nur noch sehr bewusst eingesetzt! Seit ich bewusst darauf achte, was ich wirklich „muss" und was nicht, fühlt sich mein Leben sehr viel freier an.

Gerne habe ich das Wort „müssen" auch noch mit dem Wort „schnell" zusammen verwendet. Über die Wirkung des Wortes „schnell" habe ich im Kapitel 4 unter der Überschrift „Richtige und falsche Worte" (S. 76f) schon einiges geschrieben. Vielleicht erinnerst du dich an die „schnelle Pause"? Wenn du dich also so richtig unter Druck setzen willst, dann verwende „müssen" und „schnell" am besten möglichst oft. Es funktioniert – ich habe es für dich schon getestet.

Wer bestimmt hier?

Schwierig kann es auch werden, wenn du anderen sagst, was sie tun müssen. Ob das deine Kinder sind, dein Partner, ein Kollege, Kunde oder Mitarbeiter. Bei uns in der Physiotherapie habe ich schon mehrmals Patienten erlebt, die auf dieses Wort allergisch reagieren. Wenn der Azubi an der Anmeldung dem Patienten sagt, dass er noch unterschreiben oder die Zuzahlung bezahlen **muss**, klingt das sehr fordernd. Mit der Anwendung des Modalverbs kommt eine Hierarchie in die Kommunikation. Die beiden Gesprächspartner stehen dadurch auf unterschiedlichen Stufen. Derjenige, der dem anderen sagt (oder befiehlt), was er tun **muss**, steht definitiv **über** dem anderen. „Sie haben mir nicht zu sagen, was ich tun **muss**!", kommt in manchen Fällen direkt als Kommentar. Sogar, wenn der Angesprochene die Anweisung befolgt, bleibt ein schales Gefühl zurück. – Sprache wirkt, wie du weißt.

Was soll ich denn dann sagen?

Das war die Frage, die mich beschäftigt hat, als ich mir vornahm, das Wort „müssen" so gut es geht zu vermeiden. Ich hatte gar keine Idee, wie ich meine Sätze anders formulieren könnte. Am naheliegendsten war, ein anderes Modalverb einzusetzen. Statt „Ich muss einkaufen." „Ich will einkaufen."? Das funktioniert in manchen Fällen. Wenn aus „Ich muss morgens um 6 Uhr aufstehen" ein „Ich will um 6 Uhr aufstehen." werden soll – da sträubt sich bei mir etwas. Ich will viele Dinge. Dinge, die mir angenehm sind und die ich genauso haben will: um 6 Uhr aufzustehen gehört definitiv **nicht** dazu!

In den sozialen Medien gab es kürzlich eine Diskussion in diese Richtung. Auch hier riet der Autor zur Alternative „wollen" statt „müssen". Ein anderer gab den Tipp, das „ich muss" durch ein „ich darf" zu ersetzen und meinte, das sei noch besser als das „ich will". Die Erläuterung zum „Dürfen" kommt noch.

Als ich in der Schule war, gab es oft folgende Situation: Ein Schüler hält ein Referat und beginnt mit den Worten: „Ich muss heute ein Referat halten über...". Es folgt ein Zwischenruf des Lehrers: „Das heißt: Ich darf heute ein Referat halten...!" Kennst du das auch? Ähnlich wie bei der Situation in der Schule ist es bei Situationen im Alltag. Dann, wenn ich Dinge tue, die mir keine Freude machen (wie zum Beispiel auch, früh aufzustehen) und die mir ein anderer aufgetragen hat (wie beim Referat in der Schule). Ich behaupte, diese Dinge gibt es bei jedem Menschen und in jeder Situation. Aufgaben, die mir lästig sind, die mich langweilen oder vor denen ich Angst habe. Als Schüler habe ich zwar die Wahl und kann mich weigern. Dafür werde ich allerdings eine schlechte Note bekommen. Also werde ich das Referat halten, ob ich will oder nicht. Ich selbst putze zum Beispiel nicht gerne. Ich mag es, wenn es zuhause sauber ist. Allerdings mache ich viele Dinge lieber und mit mehr Freude als zu putzen. Früher sagte ich: „Ich muss putzen." Wenn ich nun „Ich darf putzen" sagen soll – das fühlt sich für mich nach blankem Hohn an. Ist ja toll, dass ich das darf – nur habe ich gerade gar keine Lust dazu! Und überhaupt, wer ist denn so großzügig, mir das zu erlauben?!

Sprache soll stimmig sein. Das Ziel ist, das zu benennen, was ist. Will ich ein Wort, das ich sehr oft und noch dazu unbewusst verwende, aus meinem Sprachgebrauch streichen, ist es wenig sinnvoll, es durch ein anderes zu ersetzen. Denn das andere passt ja auch nur manchmal richtig gut.

„Müssen ist durch nichts zu ersetzen." Diesen schönen Spruch, der sich gut ins Gedächtnis einprägt, habe ich bei Bernd Fichtner in meiner Mentorenausbildung bei LINGVA ETERNA® gelernt. Da er so einprägsam ist, gebe ich ihn an dich weiter. Das heißt: Das Wort „müssen" kannst du in ganz vielen Fällen einfach weglassen. So wird aus „Ich muss morgens um 6 Uhr aufstehen." „Ich stehe um 6 Uhr auf." – das will ich weder, noch soll, kann, möchte, muss oder darf ich das tun – ich mache es einfach. Es ist meine Entscheidung, um diese Zeit aufzustehen und wie jede Entscheidung treffe ich sie aus guten Gründen. Weil ich die Folgen, die es hat, wenn ich länger liegen bleiben würde, an diesem Tag nicht tragen will.

In einer Seminargruppe brachte eine Teilnehmerin folgenden Satz mit:
„Ich muss noch das Workbook für den Online-Kurs fertig machen."

Für die anderen Teilnehmer schwang in diesem Satz mit:
„Ich möchte nicht gestört werden."
„Ich mache es nicht so gerne."
„Ich habe eigentlich keine Lust drauf."
Sie wirkte genervt und gehetzt. Obwohl ihr die Arbeit am Onlinekurs Spaß machte, wie sie selbst sagte.

Nach dem Weglassen des Wortes „müssen", klang es so:
„Ich mache jetzt noch das Workbook für meinen Online-Kurs fertig."

Bei den Teilnehmern kam Folgendes an:
„Ich habe Freude, daran zu arbeiten. Ich freue mich darauf, das zu tun."
„Wenn Du Lust hast, kannst Du Dich mit einbringen."
Auf dem Gesicht der Teilnehmerin war die Freude mit dieser Variante deutlich sicht- und hörbar. Sie hatte sich aufgerichtet und ein Lächeln im Gesicht. Die anderen Teilnehmer fühlten sich nun nicht mehr als Störfaktor („Ich möchte nicht gestört werden."), sondern bekamen sogar Lust, mitzuarbeiten.

An diesem Beispiel siehst du sehr deutlich, was ein einziges Wort bewirkt.

Es gibt noch eine zweite Möglichkeit, deine Sätze, die du sonst mit „müssen" formuliert hast, auszusprechen. Ganz oft habe ich das Wort verwendet, wenn ich mir geistig all meine noch anstehenden Aufgaben des Tages oder sogar der nächsten Tage aufgezählt habe. „Ich muss die Kinder abholen und muss noch einkaufen, morgen muss ich die Rechnung schreiben…". Hier kommt zum Druck, den das Wort alleine schon mit sich bringt ein zweiter Faktor dazu. Indem ich alle diese Tätigkeiten aufgezählt habe, als wären sie alle jetzt zu tun, habe ich mir noch mehr Druck gemacht. Ich habe alles in diesen einen Moment gepackt, in dem ich die Listen „heruntergebetet" habe. Dadurch dass alles im Präsens (also in der Gegenwartsform) formuliert war.

Für diese Fälle gibt es eine Alternative, die die Zeiten in die richtige Reihenfolge bringt: Das Futur, also die Zukunftsform. Damit ordne ich nicht nur die Reihenfolge und zeitliche Abfolge in meiner Sprache. Gleichzeitig nehme ich Druck aus dem jetzigen Moment.

Für das Beispiel von oben:
„Ich hole jetzt die Kinder ab und werde später einkaufen gehen. Morgen werde ich die Rechnung schreiben." Das klingt ungewohnt.

Auch dazu habe ich ein schönes Beispiel aus einem Seminar. Es ging um das Erstellen der Steuererklärung. Der Satz der Teilnehmerin lautete:
„Ich muss noch die Steuererklärung machen."
Auf die Teilnehmer wirkte sie mit dieser Formulierung passiv und vom Thema „Steuererklärung" genervt. Es war eine Abneigung und Dringlichkeit spürbar. Es klang nach „Kannst Du Dich nicht für mich machen?" und „Ich habe gar keine Lust!".

Mit dem Futur hat die Teilnehmerin den Satz so formuliert:
„Ich werde die Steuererklärung bis zum Ende des Jahres machen.".
Plötzlich wirkte sie ganz anders, es klang leicht und locker.
„Jetzt klingt es nach einer konkreten Zusage. – Sie hat die Aufgabe angenommen und wird sich darum kümmern. Es gibt einen konkreten Plan. Sie wird die Steuererklärung bis dahin gemacht haben." Allein durch die andere Formulierung strahlte sie plötzlich Optimismus und Kompetenz aus.

Mit dem Futur gibst du dir mehr Raum und Zeit für die Dinge. Für deine „interne" To-Do-Liste ist das egal, nur du selber „hörst" es – niemand sonst. Klingt es für dich zu komisch, dann nutze für dich die Variante des Weglassens, das geht genauso gut.

Dürfen

Dieses Wort hatte ich dir ins Diagramm schon eingetragen und erklärt, warum ich es an dieser Stelle sehe. Dürfen gibt eine Erlaubnis. Das heißt, auch bei diesem Wort entsteht ein Hierarchiegefälle, wenn ich es benutze. Es ist gut, wenn ich das im Hinterkopf habe. In unserer Physiotherapiepraxis haben manche Rezeptionskräfte statt dem „müssen" aufs „dürfen" umgestellt. „Sie dürfen hier unterschreiben." Oder „Sie dürfen in die Kabine 4." Das klingt immerhin freundlicher und angenehmer für mich. Da gibt mir jemand die Erlaubnis, das zu tun. Bei einigen Patienten kommt bei dieser Formulierung vor allem der versteckte Hinweis auf die Hierarchie zum Tragen: „Sie brauchen mir nicht sagen, was ich darf!" Da kann es noch so freundlich gemeint sein.

Was beim „müssen" gilt, gilt auch beim „dürfen". Es geht darum, einen stimmigen Umgang mit dem Wort zu finden. Verwende ich ein Wort inflationär, also in jeder möglichen Situation, klingt es manchmal komisch. Auch beim „dürfen" bietet sich die Variante mit dem Weglassen an. Statt „Sie dürfen hier unterschreiben" sage ich: „Bitte unterschreiben Sie hier.". „Bitte gehen Sie in die Kabine 4." ist eine klare Aussage – das „Sie dürfen in die Kabine 4" ist überflüssig.

In der Corona-Zeit[1] , als die Maskenpflicht in Innenräumen ausgesetzt war, sind mir einige Aushänge aufgefallen, die auch das „dürfen" verwendet haben. „Bei uns dürfen Sie Maske tragen" oder so ähnlich lautete die Formulierung. War es vorher eine Pflicht, bei der ich gar keine Wahl hatte und die Maske anziehen musste, bekam ich nun die Erlaubnis, eine Maske zu tragen. Ich persönlich fand die Formulierung speziell. Die Verantwortlichen hätten mir nicht verbieten können, eine Maske zu tragen. Was sie wohl mitteilen wollten: Für uns ist es in Ordnung, wenn Sie als Kunde sich persönlich entscheiden, eine Maske zu tragen. Wir bitten Sie weder darum, noch tragen wir selbst eine.

Wenn das „dürfen" mit einer Verneinung benutzt wird, wird aus einer Erlaubnis ein Verbot. Zum Beispiel: „Sie dürfen den Fuß nicht belasten!"

Können

Für mich ist „können" weder angenehm noch unangenehm. Es liegt dazwischen. Was ich gelernt habe, kann ich. Da sind auch Dinge dabei, die mir keinen Spaß machen. Vielleicht kennst du den Spruch „Wer viel kann, muss viel tun.". Manchmal komme ich um Aufgaben herum, wenn ich nicht weiß, wie es geht. Dann übernimmt ein anderer, der es eben „kann". Das heißt: können kann für mich angenehm sein, wenn es etwas

---

1
Je nachdem, wann du dieses Buch liest, weißt du vielleicht gar nicht, was das für eine besondere Zeit war. Frag deine Eltern, sie können dir bestimmt etwas darüber erzählen.

ist, was mir Freude macht. Es kann genauso gut sein, dass ich etwas kann und ich mache es nur, weil es zu meinen Aufgaben gehört. Auf jeden Fall gehört es auf die Seite der Selbstbestimmung. Was ich kann, das kann ich. Ganz alleine.

Fähigkeit oder Möglichkeit

Können bezeichnet die Fähigkeit, etwas zu tun. Radfahren, schwimmen, lesen und vieles mehr. Wie verhält es sich bei „Ich kann dich zum Bahnhof mitnehmen." oder „Ich kann mit dem Zug fahren."? Geht es dabei auch um die Fähigkeit?

In diesem Zusammenhang geht es um etwas anderes. Können steht auch für die Möglichkeit, etwas zu tun. Dabei spreche ich nicht davon, dass ich gelernt habe, wie ich andere Menschen im Auto mitnehme oder weiß, wie ich den ÖPNV benutze. Das ist die Voraussetzung dafür. Benutze ich das „können" in diesem Kontext, dann ist es mir möglich, das zu tun. Es ist sozusagen ein Angebot, das ich mache oder das mir offensteht.

Achtung – Verwechslungsgefahr!

Erst später habe ich bemerkt, dass ich die Worte „können" und „dürfen" oft falsch verwendete. Zum Beispiel in der Kindererziehung. Ganz oft kamen meine Kinder und fragten mich, ob sie zu einer Freundin gehen dürften oder Schokolade essen dürften. Vollkommen korrekt, denn sie fragten mich nach meiner Erlaubnis. In diesem Fall stand ich als Elternteil über Ihnen. „Klar kannst du zu deiner Freundin gehen." Oder „Ja, du kannst dir Schokolade nehmen.", antwortete ich oft. Darum ging es gar nicht. Dass sie Schokolade essen können (also sowohl die Fähigkeit als auch die Möglichkeit dazu hatten), war ihnen klar. Sie wollten meine Erlaubnis.

Ganz oft verwenden wir das „können" in der Frageform: „Kannst du bitte das Fenster aufmachen?" oder „Könntest du mir die Butter geben?". Zu diesem Thema wirst du später noch etwas lesen. Für den Moment reicht es mir, wenn du dir überlegst, ob das Wort in dieser Form angebracht ist. Willst du wissen, ob der andere die Fähigkeit oder die Möglichkeit hat, das zu tun? Oder geht es dir um etwas anderes?

Wichtig wird die Unterscheidung zwischen Können und Dürfen zum Beispiel in der Medizin. Es ist von besonderer Bedeutung, ob jemand seinen Fuß belasten darf oder ob er ihn belasten kann. Vielleicht darf er es, doch er kann es noch nicht. Vielleicht kann er es, aber er darf es nicht.

Die Mauer in deinem Kopf

Das Wort „können" kann dir Grenzen setzen. „Das kann ich nicht." Wenn du überzeugt bist, dass du es nicht kannst, versuchst du es dann? Meistens nicht. Du weißt ja schon, dass du es nicht kannst. Vielleicht hast du es vor Jahren versucht und es ging nicht. Da du diese Erfahrung gemacht hast, versuchst du es auch kein zweites Mal.

Ich habe gelernt, dass ich vieles, was ich nicht kann, lernen kann. Zum Beispiel: ein Buch schreiben. Das hatte ich vorher noch nie gemacht. Oder Yoga. Manche Übungen kann ich nicht. Doch wenn ich anfange und übe, geht viel mehr als ich vorher gedacht habe.

Übung

Ü17

Was kannst du nicht?
Oder wovon bist du überzeugt, dass du es nicht kannst?
Schreib es in dein Arbeitsheft.

Willst du es lernen? Willst du es wenigstens versuchen?
Dann bau ein kleines Wörtchen in deinen Satz ein.
Schon wird es machbar.

Ich kann *noch* nicht ....

Wie fühlt sich das an? Schon ganz anders, oder?

Sollen

Das nächste Modalverb ist das „Sollen". Auf dem Diagramm steht es bei mir auf der linken Seite, eher unten. Fremdbestimmt und unangenehm. Nur beim „müssen" ist noch mehr Druck und Abneigung spürbar. Ich glaube, im Alltag wird das Wort sollen meistens stimmig angewendet. Die Worte „müssen" und „dürfen" schleichen sich oft in Sprachmuster ein, die anderen Modalverben treten weniger auf.

Sollen hat verschiedene Bedeutungen. Es steht für eine Aufforderung, einen Auftrag, den ich bekomme. „Ich soll noch Brot mitbringen.", zum Beispiel.

Sollen wird auch verwendet, wenn es um das Einhalten von Vorschriften geht, zum Beispiel „du sollst nicht töten.". Hier sind wir wieder bei den 10 Geboten. Im Zusammenhang mit einer Verneinung wird aus dem „sollen" ein Gebot.

In Verbindung mit Gerüchten zeigt das „sollen" im Satz an, dass ich mir meiner Sache nicht sicher bin. Wie zum Beispiel „Ich habe gehört, Rainer soll jetzt mit Susanne zusammen sein."

Und zuletzt wird durch „sollen" deutlich gemacht, welchen Zweck etwas erfüllt. „Dieses Buch soll dich ermächtigen, deine Realität nach deinen Wünschen und Vorstellungen zu erschaffen."

„Sollen" ist ein Wort mit vielen Anwendungsmöglichkeiten! War dir das vorher schon bewusst?

Mögen

Das fünfte Wort aus der Reihe der Modalverben ist „mögen". Auf dem Diagramm habe ich das „mögen" auf der rechten Seite oben eingetragen. Was ich mag, das ist mir angenehm. Was ich mag, das entscheide ich ganz allein. Da hat mir niemand reinzureden.

Mögen beschreibt eine Zuneigung zu etwas, beziehungsweise in der Verneinung eine Abneigung. „Ich mag Erdbeerkuchen." und „Ich mag keine Pilze." In seiner Grundform ist die Anwendung dieses Wortes eindeutig und klar.

Ist dir der Satz „Ich möchte bitte 50 g Aufschnitt." geläufig? Bestimmt, oder? Vielleicht gab es eine Zeit, da hast du deine Wünsche noch anders geäußert. Als Kind. Da hast du vielleicht – wie viele Kinder das tun – gesagt: „Ich will ein Eis!". Möglicherweise ging es dir wie vielen anderen Kindern damals und auch heute noch. Was haben deine Eltern dann gesagt? „Das heißt nicht ‚ich will', das heißt: ‚ich möchte bitte'!" Denn wir sollten höflich sein und die höfliche Form sollte so klingen. So haben es viele gelernt.

Ist denn „möchten" noch ein Modalverb? Jain. „Ich möchte" ist der sogenannte Konjunktiv II des Modalverbs „mögen". Er wird auch Irrealis genannt oder Höflichkeitsform. Mögen steht für eine Zu- oder Abneigung. „Ich würde mögen" ist sozusagen die Übersetzung von „ich möchte". Ich sage also „Ich würde 50g Aufschnitt mögen", wenn ich meine Bestellung beim Metzger so aufgabe. Wie klingt das? Komisch? Macht das Sinn?

Wollen

Mit diesen Fragen geht es direkt über zum letzten Modalverb, dem „wollen". Das „wollen" wurde vielen von uns in der Kindheit abtrainiert oder abgesprochen. „Wollen" steht für mich im Diagramm auf der rechten Seite ganz oben. Es ist ein Wort, das absolute Selbstbestimmung anzeigt. Es macht deutlich, wie angenehm mir das ist, was ich will. In diesem Wort steckt viel Energie. Viel mehr als im „ich möchte".

Ü18 Übung

Hast du einen Wunsch? Etwas, das du dir schon lange wünscht? Ein Herzenswunsch?

Formuliere diesen Wunsch für dich in beiden Varianten:
→ Einmal in der Form „Ich möchte..."
und
→ Einmal als „Ich will..." Satz

Schreib beide Sätze in dein Arbeitsheft. Lies sie am besten laut vor und lass sie dir nacheinander auf der Zunge zergehen.
Bei welchem Satz spürst du mehr „Zug" hinter dem Wunsch?
Mit welcher Formulierung wird das Erreichen deines Wunsches wahrscheinlicher?

Vielleicht fühlt sich der „Ich-will"-Satz erst einmal neu an, ungewohnt. Fordernd und kraftvoll. „Das kann ich doch so nicht sagen!", denkst du bei dir. „Was sollen denn die Leute denken?"

Für mich ist es immer noch eine kleine Herausforderung, „ich will" zu sagen. Dass das genauso höflich sein kann, wie ein „ich möchte", dazu komme ich später. Für mich wird es langsam gängig und geht mir leichter über die Lippen. Ich spüre, dass mir dieses „ich will" viel mehr Kraft verleiht. So spürt mein Gesprächspartner, wie wichtig mir das ist, was ich will. Genauso zieht das „wollen" in der Verneinung eine klare Grenze. „Ich will das nicht!", das ist eine strikte Weigerung. Um mich zu überzeugen, ein „Ich will nicht" aufzugeben, wird wesentlich mehr „Aufwand" nötig sein, als bei einem „Ich möchte nicht".

Übung für den Alltag   Ü19

Wenn du Lust hast, dann erlaube dir „wollen" wieder. Bleib ruhig zuerst nur bei dir und sag es dir wenigstens innerlich, wenn du es noch nicht über die Lippen bringst. In einem nächsten Schritt kannst du mit kleinen Wünschen anfangen. Zum Beispiel „Ich will mir gerne diesen Film anschauen." statt „ich möchte". Probiere es aus und mach damit deine Erfahrungen. Es kann sein, dass deine Mitmenschen diese Veränderung gut aufnehmen. Und gar nichts passiert. Außer, dass du den Film anschaust, den du anschauen wolltest. Je mehr du in Übung bist, desto leichter gelingt es dir, auch deine „größeren" Wünsche zu äußern.

**„Mögen täte ich schon wollen,
nur dürfen habe ich mich nicht getraut."**

(Karl Valentin)

Vielleicht schwirrt dir jetzt der Kopf vor lauter dürfen, wollen, müssen, sollen, mögen und können. Wenn etwas dabei war, das dich anspricht, such dir eine Sache aus und konzentriere dich auf diese eine Sache.

Kapitel 7

Bist du anwesend?

Wie du dir durch die Modalverben, vor allem durch das Wort „müssen", ganz viel Ohnmacht und Fremdbestimmung in dein Leben holst, habe ich im letzten Kapitel ausführlich dargestellt. In gewisser Hinsicht schiebst du die Verantwortung für das, was du täglich tust, auf jemand anderen oder gar eine höhere Macht ab. Du machst das schließlich nicht freiwillig – du „musst" es tun.

Auf sprachlicher Ebene gibt es weitere Möglichkeiten, dich „aus der Affäre" – oder genauer – aus der Verantwortung für deine Entscheidungen und dein Handeln zu ziehen. Zum einen über die Grammatik, zum anderen über kleine Wörtchen.

Man tut, was man kann

Erinnere dich an den Deutschunterricht zurück: Im Deutschen besteht ein Satz aus mindestens einem Subjekt und einem Prädikat. Das Subjekt ist der sogenannte „Satzgegenstand" oder vereinfacht gesagt, das Subjekt gibt eine Information darüber, wer oder was etwas tut. Beziehungsweise auf wen sich der Inhalt des Satzes bezieht.

Das Subjekt kann ein Name, ein Hauptwort (Nomen) oder ein Pronomen (ich, du, er, sie, es, wir, ihr, sie) sein. Das Prädikat ist die Satzaussage und benennt, was geschieht. Die Satzaussage besteht aus einem Verb oder Hilfsverb, auf Deutsch „Tunwort". Damit ist normalerweise klar, wer für etwas verantwortlich ist.

Zum Beispiel:

> Ich backe.
> Sie warten.
> Hans isst.
> Der Hund bellt.

Es gibt allerdings noch ein weiteres Pronomen, das in meiner Aufzählung oben fehlt. Bei diesem Pronomen bleibt offen, wer genau etwas tut. Vielleicht kennst du das Wort aus der Schule, von Kollegen, aus Teamsitzungen oder auch aus einem Verein. Du findest es oft dort, wo es um das Verteilen von (meist aufwändigen oder lästigen) Aufgaben, die Übernahme von Verantwortung geht oder die Entschuldigung, warum etwas nicht gemacht werden kann.

Hast du die Lösung schon gefunden?

Es geht um das bekannte Wort „man": „Man müßte mal den Dachboden aufräumen." oder „Man könnte es ganz anders machen". Kennst du solche Sätze? Hast du schon herausgefunden, wer dieser „man" ist? Er scheint sehr unzuverlässig zu sein – oder so vielbeschäftigt, dass er die meisten seiner Aufgaben liegen lassen muss. Aufgaben, über die auf diese Art und Weise gesprochen wird, bleiben meiner Erfahrung nach liegen.

Ich kenne das „man" aus Gesprächen mit Patienten. Zum Beispiel, wenn es darum geht, eine Übung in den Alltag einzubauen. „Man wird sehen, was sich machen lässt." heißt es dann, „Man tut, was man kann" oder „Da muss man erstmal Zeit freischaufeln...", kommt als Antwort vom Patienten. Nein! Nicht „man"! Du bist gefragt!

Wie so viele andere Gewohnheiten, hat sich das „man" ganz unbemerkt in deine Sprache eingeschlichen. Schon hast du dich geschickt aus der Affäre gezogen. Das, worum es geht, betrifft nicht mehr dich persönlich, sondern eine Allgemeinheit. Auf deinen Gesprächspartner wirkt das unverbindlich. Du nimmst dir Präsenz, denn du selbst kommst in der Sprache nicht mehr vor. Du sprichst nicht von dir, sondern von „man". Ob du selbst damit gemeint bist oder nicht, bleibt offen.

Diese Wirkung erzielst du oft auch mit einem „wir". „Wir schauen mal." oder „Wir machen das schon". Warnung: Vor allem bei Teamsitzungen ist es wichtig, dass Aussagen wie „Wir machen..." oder „Wir werden..." noch vor dem Ende des Meetings aufgelöst werden. Wer ist „wir"? Wer ist konkret zuständig? Gibt es einen oder mehrere namentlich benannte Verantwortliche, steigt die Wahrscheinlichkeit der Durchführung und Umsetzung um ein Vielfaches!

Im Hintergrund steht oft ein gut gemeinter Gedanke: Alle oder wenigstens mehrere sollen mithelfen. Die Aufgabe soll gemeinschaftlich gelöst werden. Selbst wenn wirklich alle mitarbeiten: Ihr solltet wenigstens eine Person als Verantwortlichen für das Projekt benennen. Sonst ist es, wie wenn du eine allgemeine Anfrage in eine Gruppe stellst.

Kennst du das? Du hast eine Frage oder Bitte und wendest dich an eine Gruppe. Manchmal passiert dann folgendes:

Gar nichts.

Woran liegt das? Gerade, weil mehrere Personen angesprochen sind, könnte doch die Wahrscheinlichkeit viel höher sein, dass einer sich angesprochen fühlt und antwortet. Manchmal funktioniert das. Manchmal fühlt sich allerdings keiner konkret angesprochen. Jeder denkt, einer von den anderen könnte ja antworten. Je mehr Zeit vergeht, umso mehr verändert sich der Grund, warum die Menschen schweigen. „Wenn die anderen nichts schreiben, dann schreibe ich auch nichts." So geht es manchmal. Meistens bringt es mir mehr Erfolg, wenn ich Menschen konkret und direkt frage oder anschreibe. Das erfordert von meiner Seite zwar mehr Aufwand. Doch der wird meist belohnt, indem ich mehr Antworten erhalte.

So und nicht anders

In Teamsitzungen werden die Wörter „man" und „wir" oft auch als Scheinargument vorgebracht. „Das macht man bei uns so." oder noch besser: „Das haben wir schon immer so gemacht." Oft gelingt es Menschen mit diesen Sätzen, Diskussionen komplett zu unterbinden oder neue Ideen sofort auszuradieren.

Wenn du genauer hinsiehst, merkst du, dass auch in diesem Fall vollkommen offenbleibt, wer „man" ist und ob zur Gruppe des „wir" wirklich jeder zählt. Ich glaube, in den wenigsten

Firmen und Familien gibt es Dinge, die wirklich immer und jederzeit von allen immer genauso gemacht werden. Falls es doch so ist, bleibt immer noch die Frage offen, ob das deswegen weiterhin auf diese Weise gemacht werden „muss" oder ob es auch anders möglich wäre?

Übung für den Alltag

Ü20

Wo und wann weichst du im Alltag auf das unspezifische „man" oder ein „wir" aus? Sammle die Sätze, die du mit „man" formulierst, in deinem Arbeitsheft.

Falls du selbst dieser „man" bist, um den es geht: Wie klingt der Satz mit einem „ich..." anstelle des „man..."? Schreibe die Alternative dazu und hör dir an, wie das klingt.

Plötzlich geht es um dich und es liegt in deiner Verantwortung, was geschieht.
Wer wird also den Dachboden aufräumen? Du?

Auch hier habe ich noch ein schönes Seminarbeispiel. In einer Gruppe mit Physiotherapeuten ging es um die Themen „Wie erkläre ich eine Aufgabe?" Meistens geben die Therapeuten den Patienten Übungen für zuhause mit. Doch oft machen die Patienten sie nicht. Woran liegt das?

In diesem Fall formulierte der Therapeut die Einleitung zur Übung so: „Was du machen kannst, ist…".

Mit dieser Ansprache fühlte sich aus der Gruppe niemand angesprochen. Keiner der Teilnehmer war bereit, die Übung zu machen. Die Botschaft, dass es wichtig ist, die Übung zu machen, kam überhaupt nicht an. Der Sprecher verwendet hier zwar das „du". Er setzt es allerdings in einen sehr unspezifischen Kontext. So dass der Angesprochene das „du" nicht auf sich bezieht, sondern auf eine unspezifische Allgemeinheit. Der Therapeut verwendete das „du" in diesem Fall wie ein „man". Mit der Gruppe habe ich gemeinsam nach Alternativen gesucht. Es sollte nicht zu fordernd und von oben herab klingen. Es sollte den Patienten motivieren und ihm gleichzeitig die Wichtigkeit der Übung aufzeigen.

Die Lösung klang so: „Ich habe eine Übung für dich…".

Bei dieser Variante fühlte der „Patient" sich angesprochen. Es war eine Übung für ihn ganz persönlich. Und plötzlich war er bereit, diese Übung freiwillig und bereitwillig zu machen. Ich finde es immer wieder erstaunlich, was eine andere Formulierung bewirken und transportieren kann.

Schwupps, weg war er!

Neben dem „man" gibt es noch eine weitere Möglichkeit, dich sprachlich aus der Verantwortung zu ziehen. Das geht mit Hilfe des Passiv. Im Passiv kommt es oft zu dem besonderen Fall, dass aus dem Satz überhaupt nicht hervorgeht, wer die Handlung ausführt. Während im Aktiv der/ die Handelnde im Vordergrund steht, geht es im Passiv nur um die Handlung an sich.

Zum Beispiel: im Vergleich zu
    Es wird gebacken.   Ich backe.
    Es wird gewartet.   Sie warten.
    Es wird gegessen.   Hans isst.
    Es wird gebellt.   Der Hund bellt.

Im direkten Vergleich der Sätze im Passiv mit dem Aktiv wirst du bemerken, dass nun – ähnlich wie beim „man" – vollkommen offenbleibt, wer das jeweils tut. Ein weiteres Rätsel ist, ob und wie viele Personen beteiligt sind. Willst du bei dem Dachboden-Projekt vollkommen außen vor bleiben, hilft dir die Formulierung: „Der Dachboden müsste mal wieder aufgeräumt werden" mindestens genauso gut wie die Alternative mit dem „man".

Das Passiv stellt die Handlung in den Mittelpunkt. In Fällen, in denen ich einer Situation ausgeliefert bin und mir Handlungsoptionen fehlen, kommt das in meiner Sprache genau so zum Ausdruck.

Gleichzeitig macht mich der Gebrauch des Passivs hilflos und ohnmächtig. In einer Situation, die ich verlassen will oder die sich negativ auf mich auswirkt, nehme ich mir Handlungsmöglichkeiten, wenn ich im Passiv spreche. Ich ziehe mich aus meiner Verantwortung und begebe mich in die Rolle des Opfers.

Ü21   Wahrnehmungsübung

Du kennst das schon. Lies nur bis zur gestrichelten Linie.
Vergleiche die beiden Sätze:

„Diese Aufgabe wurde mir von meiner Kollegin auf den Tisch
gelegt."

„Meine Kollegin hat mir diese Aufgabe auf den Tisch gelegt."

Wie fühlen sich die Sätze an? Worin besteht der Unterschied?

- -

Fühlst du dich im ersten Satz dem, was deine Kollegin tut, mehr
ausgeliefert als in der anderen Variante? Bei der Aufgabe, die dir
die Kollegin auf den Tisch legt, ist die Situation relativ entspannt.
Meistens jedenfalls. Wenn du dich mit deiner Kollegin gut verstehst 😉. Es gibt allerdings Situationen, in denen es darauf ankommt, dass du handlungsfähig bleibst und in deiner Kraft.

Wahrnehmungsübung

Wie sieht es mit folgenden Sätzen aus?

„Ich wurde von meinem Chef beschuldigt, die Unterlagen verloren zu haben."

„Als ich weg war, wurde von den anderen beschlossen, dass ich zukünftig an diesem Projekt nicht mehr mitwirken sollte."

„Nach meinem Vortrag wurde ich von einem Teilnehmer kritisiert."

Was kommt an, wenn du diese Sätze hörst? Wie fühlen sich diese Sätze an?

Oder gar: „Mir wurde heute gekündigt."

Wie fühlst du dich? Hast du eine Möglichkeit, zu reagieren? Oder fühlst du dich schwach und schlecht, vielleicht sogar schuldig, wenn du diese Sätze auf dich wirken lässt?

Übung

Jetzt spür den einzelnen Sätzen noch einmal nach. Oder vergleiche sie direkt miteinander. Lies erst den Satz im Passiv laut vor und spüre hin, danach machst du das mit der Formulierung im Aktiv. Lass dir dabei Zeit.

Ich finde, es gibt einen deutlichen Unterschied zwischen „mir wurde heute gekündigt" und „Mein Chef hat mir heute gekündigt.". Wenn mir jemand erzählt, dass ihm heute gekündigt wurde, würde ich erst einmal mit Betroffenheit reagieren. Meine nächste Frage wäre vielleicht: „Wie geht es dir damit?" (wenn sich das für mich nicht schon aus der Mimik, Gestik, der Tonmelodie oder anderen Informationen ergibt, die ich bekomme). Der Fokus bleibt auf dem armen Opfer und was ihm angetan wurde. Das ist für den ersten Moment vielleicht tröstend. Auf lange Sicht ist es eher hinderlich, in dieser Position zu verharren.

Erzählt mir jemand: „Mein Chef hat mir heute gekündigt.", dann gibt es die Anteilnahme von meiner Seite auch. Nur geht es danach weiter. In diesem Fall wäre meine nächste Frage: „Und was machst du jetzt? Was hast du vor?". Vielleicht erkundige ich mich nach den Gründen, die der Chef gehabt haben könnte. Jedenfalls bewegen wir uns im Gespräch viel schneller aus der Starre um dieses Ereignis heraus in Richtung einer Lösung.

Falls du gerade in einer Situation bist, in der du dich ausgeliefert fühlst und wie blockiert bist, hör genau hin, wie du sprichst. Solltest du viele im Passiv formulierte Sätze in deiner Sprache entdecken, lade ich dich ein, diese ins Aktiv zu übersetzen. Und schau, ob es sich damit noch genauso anfühlt.

Wo bleibe ich?

Kennst du das Gefühl, nur zu funktionieren? Oder sogar funktionieren zu „müssen"? Kommt dir manchmal der Gedanke, dass alle anderen und deren Bedürfnisse wichtiger sind als du und deine Bedürfnisse? Vor allem bei Frauen sehen die Prioritäten oft folgendermaßen aus:

1. Kinder
2. Arbeit
3. Ehemann
4. Haushalt
5. Verwandte, Freunde, Ehrenamt
   …

und erst ziemlich weit hinten auf der Liste steht:

Ich

Ganz klein und wahrscheinlich bei vielen sogar mit einem Fragezeichen versehen.

Erst wenn die Arbeit gemacht, die Kinder versorgt, der Haushalt erledigt, der Mann zufrieden ist, vielleicht noch die Freundin getröstet, die Oma besucht und der Kuchen für das Schulfest gebacken ist, dann nehmen sich diese Frauen Zeit für sich. Es sei denn, es kommt etwas dazwischen, wie eine Frage der Kinder oder der Mann mit „Schatz, wo ist …?" Schon steht sie wieder auf, beantwortet die Frage, zeigt oder bringt dem Mann, was er sucht.

‚Endlich einmal Zeit für mich haben, etwas von den Dingen tun, die ich gerne tue' – danach sehnen sich manche. Doch irgendwie bleibt dafür nie Zeit.

„Komme gleich!", „Bin im Garten.", „Wird erledigt!", „Freue mich." – Bestimmt kennst du solche Sätze. Ich höre sie in der Arbeit, beim Einkaufen, lese sie in Mails oder auf handgeschriebenen Zetteln. Am Anfang des Kapitels habe ich dir erklärt, dass ein Satz im Deutschen mindestens aus einem Subjekt (z.B. Name, Hauptwort oder ich/ du…) und einem Prädikat (Verb/ Tunwort) besteht. Bei den obenstehenden Sätzen fehlt etwas. Sie sind unvollständig. Es fehlt etwas Entscheidendes, nämlich das Subjekt – also die Person. Beim Abschnitt über das Passiv habe ich geschrieben, dass im Aktiv genau das im Zentrum steht. Die handelnde Person steht im Mittelpunkt. Doch in diesen Sätzen gibt es gar keine handelnde Person! Wie kann das sein?

Übung für den Alltag

Findest du Sätze, in denen das Subjekt fehlt in deinem Alltag? Benutzt du sie? Sammle diese unvollständigen Sätze in deinem Arbeitsheft.

Wie lauten sie vollständig?
Wie klingt es, wenn du den ganzen Satz sagst?

Ich lade dich ein, dich selbst in deiner Sprache zu zeigen. Dort vorzukommen und aufzutauchen. Es ist nur ein Wort, 3 Buchstaben – soviel Zeit wirst du haben! Vielleicht machst du die Erfahrung, dass du dadurch nicht nur in deiner Sprache mehr anwesend bist. Plötzlich gibt es viel mehr „ich" in deinem Leben. Manchmal gelingt es dir durch den Weg über die Sprache leichter, in deinem Leben mehr vorzukommen und Zeit für dich zu haben.

Ich wünsche dir viel Spaß beim Ausprobieren!

Damit endet der zweite Teil dieses Buches. In diesem Teil ging es vor allem um die Wirkung deiner Sprache auf dich selbst und deine Lebenswirklichkeit. Sprache wirkt immer in zwei Richtungen, nach innen – also auf mich selbst – und nach außen: Auf den, der hört, was ich sage. Wir benutzen Sprache nicht nur, um unsere Gedanken in Worte zu fassen oder mit uns selbst zu sprechen. Wir nutzen sie vor allem auch, um mit anderen zu sprechen. Davon handelt der dritte Teil des Buches. Es geht mitten rein in die Kommunikation und die Wirkung, deiner Art zu sprechen nach außen und auf andere. Wie wirkst du und was bewirkst du? Und ist das die Wirkung, die du erreichen willst?

Teil III

Deine Sprache & die anderen

„Sprache ist ein Verkehrsmittel;
so wie die Eisenbahn die Güter
von Leipzig nach Dresden fährt,
so transportiert die Sprache
die Gedanken von einem Kopf zum anderen."

(Wilhelm Oswald)

Kapitel 8

Wozu dient Kommunikation?

Im Online Lexikon für Psychologie & Pädagogik wird Kommunikation definiert als „Austausch von Informationen zwischen zwei oder mehreren Personen, wobei die Mitteilung sprachlich (verbal) oder/ und nichtsprachlich (nonverbal) erfolgen kann." (Köck & Ott, 1994, S. 213).

Wir sind nicht allein auf dieser Welt. Daher brauchen wir eine Möglichkeit, miteinander in Verbindung zu treten und uns auszutauschen. Der Zweck von Kommunikation ist, Beziehungen jeglicher Art aufzubauen und zu pflegen. Noch können wir nur dann erfahren, was der (Gesprächs-)partner denkt und was in ihm vorgeht, wenn er uns davon erzählt. Wenn er seine Gedanken mit uns teilt und uns einen Einblick in das ermöglicht, was gerade in seinem Kopf vorgeht.

Wie das Zitat von Wilhelm Oswald in einem Bild wunderbar verdeutlicht, ist Sprache dabei quasi ein Verkehrsmittel. Worte helfen mir, die Bilder und Ideen, die in meinem Kopf sind, in den Kopf meines Partners zu übertragen. Der Zug benutzt dafür Schienen, die Sprache bedient sich der Worte, der Grammatik und der Satzmelodie. Ich bin mir bewusst, dass das Bild mit dem Zug sehr vereinfacht und nicht ganz stimmig ist.

In der Sprache gibt es viele „Störfaktoren", die einwirken können. Wie Weichen bei den Schienen oder es wird eine falsche Lok eingesetzt. Vielleicht erreicht mein Zug mit der Botschaft den Empfänger, doch die Botschaft kommt anders an, als ich es im Sinn hatte. Mein Zug hat vielleicht statt eines Komplimentes dann einen Vorwurf transportiert.

Wo beginnt Kommunikation?

Da sich in diesem Buch das meiste um Sprache dreht, wirst du vielleicht sagen: „Kommunikation beginnt da, wo ich mit einer anderen Person spreche." Ich denke, das stimmt nur zum Teil. Die Anregungen und Hinweise, die ich dir in diesem Buch gebe, beziehen sich auf genau diesen Teil der Kommunikation. Den Teil, in dem es um den Austausch von Informationen mit Hilfe von Worten geht. In der obenstehenden Definition ist allerdings explizit zu lesen, dass dieser Austausch von Informationen auf verschiedene Arten geschehen kann. Ich kann also auch auf andere Weise kommunizieren als mit Worten. Daher beginnt Kommunikation dort, wo sich zwei Menschen begegnen.

Stell dir vor, du betrittst einen Raum, in dem sich schon jemand aufhält. Dieser „jemand", der vorher alleine und unbeobachtet war, wird nun möglicherweise sein Verhalten ändern. Auch du wirst erst einmal versuchen, dir ein Bild vom anderen zu machen. Du willst herausfinden, ob er dir freundlich gesonnen ist oder ob du dich besser in Acht nehmen solltest. Schon bevor der andere etwas sagt, hast du über nonverbale Kanäle ganz viele Informationen aufgenommen: Wo befindet er sich im Raum? Ändert er seine Position, wenn du hereinkommst? Wie ist seine Körperhaltung (aufrecht, gedrückt, schmerzverzerrt...)? Nimmt er dich wahr oder ignoriert er dich? Wie ist seine Mimik? Lächelt er dich an oder schaut er grimmig oder traurig? Wie bewegt er sich (schnell, langsam, elegant, fahrig, zurückhaltend...)? Aus all diesen nonverbalen Hinweisen entsteht in deinem Kopf in Windeseile eine Einschätzung der Situation. Binnen weniger Sekunden entscheidet dein Alarmsystem, ob Gefahr droht oder nicht.

Die nächste Stufe der Kommunikation besteht für mich im Einsatz von Stimme – nur Laute, noch keine Worte.

Wahrnehmungsübung   Ü25

Hier findest du wieder eine gestrichelte Linie. Du weißt ja – nur bis zur Linie lesen. Dann erst die Übung machen und erst danach weiterlesen.
Stell dir vor, du sitzt beim Arzt im Sprechzimmer. Endlich kommt er zur Tür herein. Du erzählst ihm von deinen Beschwerden. Er macht ein bedeutungsschweres Gesicht und sagt:

Bitte scanne den QR-Code
und höre dir an,
was der Arzt sagt.
bit.ly/3u7VDr4

Welche Information gibt dir das? Welche Gefühle löst das in dir aus?

Bist du dir sicher, dass alles gut werden wird? Oder beginnst du, dir ernsthaft Sorgen zu machen? Allein über seinen Gesichtsausdruck und ein Geräusch kann der Arzt (und nicht nur der Arzt) dich in Angst und Schrecken versetzen.

Jetzt komme ich zu einem ganz bestimmten Wort: Zu deinem Namen. Bestimmt kennst du es aus deiner Kindheit oder von deinem Partner: Je nachdem, wie dein Name ausgesprochen wird, wie warm und weich oder scharf und hart und in welchen Nuancen sonst noch – du weißt ziemlich genau, in welcher Verfassung der Sprecher ist. Und ob dich etwas Schönes erwartet oder du dich besser vorsehen solltest. Hier wird deutlich, dass auch die Sprachmelodie und Aussprache etwas über unsere Gefühle, unsere Haltung und Stimmung aussagen.

Ü26 Wahrnehmungsübung

Nimm dir dein Handy zur Hand, das brauchst du gleich. Alternativ kannst du diese Übung mit einem Partner durchführen. In diesem Fall ist es wichtig, dass **nur du** die Anleitung für das Experiment liest und dein Partner sich darauf einlässt.

Stell dir einen Menschen vor, den du überhaupt nicht ausstehen kannst. Einen, mit dem du noch ein Hühnchen zu rupfen hast und bei dem dir schon die Hutschnur hochgeht, wenn du nur an ihn denkst. Je weniger du diesen Menschen magst, desto leichter ist es für das Experiment. Hol dir diesen Menschen vor dein inneres Auge und spüre die Gefühle in dir hochkommen:

→ Jetzt starte ein Audio und sag: „Guten Morgen!"
(oder „Guten Tag", „Hallo", „Guten Abend" oder was gerade für dich passt). Sag es am besten einmal und dann noch einmal.

→ Stoppe das Audio

Als nächstes stellst du dir einen Menschen vor, den du von Herzen gern hast, den du vielleicht sogar liebst. Hol dir nun diesen Menschen vor dein inneres Auge und mit dem Bild auch all die positiven Gefühle, die du mit diesem Menschen verbindest.

→ Mach eine neue Aufnahme. Wähle dieselben Worte zur Begrüßung, die du eben auch gewählt hast. Sag die Begrüßung einmal und dann noch einmal.

→ Stoppe das Audio.

Jetzt hör dir nacheinander die beiden Aufnahmen an.

Oft denken wir, der andere merkt nicht, wenn wir ihn nicht leiden können. Wir sind doch freundlich und grüßen oder verhalten uns neutral. Klingen deine Aufnahmen beide gleich oder gibt es einen Unterschied? Wenn du das Experiment mit einem Partner gemacht hast, stell ihm diese Frage. Unsere Sprache transportiert auch die Informationen, die wir nicht deutlich sagen. Ob wir das wollen oder nicht. Dein Gesprächspartner hört an der Art, wie du mit ihm sprichst, ob du ihn magst oder nicht. Diese Information kommt an. Und zwar auch dann, wenn du das mit keinem Wort erwähnst.

Was macht gute Kommunikation aus?

Ich erinnere mich an etliche Gespräche, die absolut daneben gegangen sind. Gespräche aus denen ich rausging und genauso schlau war wie vorher. Obwohl es mein Ziel war, etwas zu klären. Oder Gespräche, die total aus dem Ruder gelaufen sind und in einer endlosen Diskussion oder einen Streit gemündet sind. Oft gab es Gespräche oder Teamsitzungen, aus denen ich mit einem guten Gefühl raus bin und dachte, es sei alles klar. Allerdings wurden die Aufgaben, die wir im Gespräch besprochen hatten, entweder gar nicht oder ganz anders gemacht, als ich es erwartet hatte. Ich kann mir vorstellen, dass du einige der beschriebenen Situationen auch bereits erlebt hast.

Andererseits hast du bestimmt auch schon Gespräche geführt, auf die du hinterher stolz warst. Du hast erreicht, was du erreichen wolltest oder einfach eine besondere und tiefgehende Unterhaltung mit einem anderen Menschen genossen.

Woran liegt es, dass manche Gespräche gelingen und andere völlig daneben gehen? Ein wesentlicher Punkt, den ich mir immer wieder ins Gedächtnis hole, ist das Ziel des Gespräches. Was will ich erreichen? Was ist meine Intention? Will ich einfach nur eine gute Verbindung zu meinem Gegenüber aufbauen? Will ich ihm Feedback geben? Ihm etwas mitteilen? Will ich eine Information bekommen oder will ich, dass er sein Verhalten ändert? Die Anlässe für ein Gespräch können vielfältig sein. Ist mir nicht klar, was ich erreichen will, wie soll ich es erreichen? Solche Gespräche hinterlassen oft ein schales Gefühl und bleiben irgendwie offen.

Ich denke, Kommunikation ist gut beziehungsweise erfolgreich, wenn ich mich meiner Absicht, die ich mit dem Gespräch verfolge, zumindest deutlich nähere. Dazu ist es notwendig, meinen Gesprächspartner „ins Bild" zu setzen. Das heißt: Ich hole ihn dort ab, wo er gerade gedanklich steht. Ich gebe ihm die Informationen, die er braucht, um mich verstehen zu können. Oft sind das mehr als ich denke. Wie du aus dem zweiten Teil weißt, hat jeder Mensch seine ganz eigene Sicht auf die Welt. Jeder Mensch ist einzigartig und hat seine individuellen Erfahrungen gemacht. So kann es sein, dass Worte bei unterschiedlichen Personen abweichende Bilder und Gefühle hervorrufen. Welche Blume ist dir beim Experiment in den Sinn gekommen? War das dieselbe wie bei anderen Menschen, denen du das Audio vorgespielt hast? Um den Empfänger meiner Nachricht ins „Bild" zu setzen, ist es also wichtig, dass er (im übertragenen Sinn) dieselbe Blume vor Augen hat, wie du.

Es ist gut, wenn ich mir darüber bewusst bin, dass Worte eine Wirkung haben und dass Worte mein Gegenüber „triggern" können – also z.B. Gefühle wie Traurigkeit, Angst oder Wut auslösen. Vielleicht hast du beim Experiment zu Beginn des Teil II die Erfahrung gemacht, dass Worte wie „Familie" oder „Telefon" von verschiedenen Menschen unterschiedlich empfunden werden.

Stimmt das Ergebnis nach einem Gespräch, kann das daran liegen, dass meine Kommunikation gut war. Bei einem Ergebnis, das deutlich von dem abweicht, was ich wollte, finde ich die Ursache sehr wahrscheinlich in der Kommunikation. Das Ziel eines Gespräches ist, für möglichst viel Klarheit beim Empfänger zu sorgen und den Interpretationsspielraum möglichst klein zu halten. Ganz oft beruhen Missverständnisse und Konflikte auf fehlenden Informationen. In so einem Fall passiert Folgendes: Ich fülle die Wissenslücken mit Bausteinen aus meiner Welt, mit meinen Gefühlen, Erfahrungen und vielem mehr auf. Dummerweise sind meine Bausteine oft andere als die des Senders. Das ist wie beim Puzzle: Wenn dir das passende Stück fehlt und du einfach eines aus einem anderen Puzzle einsetzt. Das passt meist nicht so richtig. Selbst wenn es von der Form her passen sollte, dann stimmt vermutlich der Bildausschnitt nicht mit dem Gesamtbild überein.

Immer ich!

Wer ist verantwortlich dafür, dass die Botschaft so beim Empfänger ankommt, wie sie gemeint ist? Es kann nur einen geben! Nämlich den, der weiß, was er sagen will und der sich in seiner Welt am besten auskennt: Der Sender – du!

Wenn du mit anderen kommunizierst und ihnen etwas mitteilen willst, bist du dafür verantwortlich, dass deine Nachricht beim Empfänger „richtig" ankommt. Deine Nachricht sollte so klar und eindeutig formuliert sein, dass der Interpretationsspielraum beim Empfänger möglichst klein bleibt. Erinnerst du dich an Kapitel 4? In diesem Kapitel ging es um die Tatsache, dass jedes Wort eine Wirkung hat. Ein Wort kann Gefühle und Stimmungen erzeugen und lässt Bilder entstehen. Darüber hinaus ging es um die ganz unterschiedlichen und individuellen Gefühle, Stimmungen und Bilder, die bei jedem Einzelnen entstehen. Das heißt, alleine durch die Worte, die ich verwende, erzeuge ich einen gewissen Interpretationsspielraum bei meinem Partner. In den folgenden Kapiteln gebe ich dir verschiedene Hinweise, die zu einer klaren Kommunikation beitragen.

Kapitel 9

Meint der mich?

Vielleicht kennst du folgende Situation: Du bist gerade in eine Arbeit vertieft. Im Vorbeigehen legt dir ein Kollege ein paar Blätter auf den Tisch. „...am besten noch heute zu erledigen.", ist das letzte, was du wahrnimmst. – Schon ist der Kollege weitergegangen und hat den Raum verlassen. Du hast keine Ahnung, was es mit den Blättern auf sich hat oder warum er sie dir auf den Tisch gelegt hat. Ob es tatsächlich so dringend ist? Du hast gehört, dass dein Kollege vorher noch irgendetwas gesagt hat. Worum es dabei ging, das weißt du nicht. Du warst in deine eigene Arbeit vertieft. Vielleicht steigt in dir sogar etwas Ärger hoch und du denkst Gedanken wie „Der macht es sich leicht! Legt mir die Arbeit auf den Tisch und geht. Wenn das jeder so macht. Ich habe selbst genug zu tun. Jetzt soll ich auch noch seine Arbeit mitmachen. Dabei hatte ich meiner Frau versprochen, heute früher nach Hause zu kommen...". Es kann also sein, dass durch das Verhalten bzw. die Kommunikation deines Kollegen eine ganze Kaskade von Gefühlen wie Ärger, Frust, Angst oder Ähnliches in dir ausgelöst wird.

Hast du Kinder? Dann kennst du bestimmt auch diesen Fall: Du bist gerade beschäftigt, zum Beispiel in der Küche mit dem Abwasch. Dein Kind kommt herein und ruft: „Mama!" Als du nicht reagierst, folgt ein weiteres „Mama! Mama!", jetzt schon etwas ungeduldiger. Du fragst: „Was ist denn?" – ohne dabei von deiner Arbeit aufzuschauen. „Mama!" sagt dein Kind.

Bei meinen Kindern war es so, dass sie erst angefangen haben, mir etwas zu erzählen, wenn sie meine volle Aufmerksamkeit hatten. Wenn ich also nicht nur „Ja." gesagt, sondern sie zumindest auch angeschaut habe. Vielleicht sogar mit meiner Arbeit innegehalten habe. Erst dann haben sie mir erzählt, was sie erzählen wollten.

Im Alltag unter Erwachsenen nehmen wir uns oft nicht diese Zeit. Zeit ist kostbar und so „platzieren" wir unsere Botschaften oft im Vorübergehen. Ohne auf eine Reaktion des Angesprochenen zu warten. Der Empfänger ist oft noch nicht „empfangsbereit". Daher führt dies letzten Endes dazu, dass von unserer Botschaft nur die Hälfte beim Empfänger ankommt. Aufgaben werden gar nicht oder falsch erledigt. Der Sender ärgert sich, warum der Kollege nicht macht, was er soll. „Ich habe es ihm doch gesagt!", wundert er sich und kann sich nicht erklären, woran es lag. Und wenn es – wie im Beispiel oben – ganz ungünstig läuft, dann kann diese Art der Kommunikation für viel Ärger, Konflikte und ein getrübtes Betriebsklima sorgen.

Antennen auf Empfang

Die erste Voraussetzung, dass das, was ich sagen will, beim Empfänger möglichst korrekt ankommen kann: Ich brauche seine Aufmerksamkeit. Investiere ich diese Zeit, steigt die Wahrscheinlichkeit, dass meine Botschaft ankommt, um ein Vielfaches.

Wie geht das?

Ganz einfach: Ist es jemand, dessen Namen du kennst? Dann sprich die Person mit ihrem Namen an. Nimm Blickkontakt mit ihr auf, schau sie an. Und danach – ganz wichtig: Mach eine Pause. Sprich erst dann weiter, wenn du die Aufmerksamkeit deines Gesprächspartners hast. Das kann sich durch eine Erwiderung des Blickkontaktes, ein Nicken, ein Geräusch, eine Frage oder auf einem anderen Weg äußern. Hat der oder die Angesprochene seine Antennen sozusagen auf „empfangsbereit" eingestellt, kannst du loslegen und dein Anliegen loswerden. Glaubst du, dass es so einfach sein kann? Probiere es aus!

Mach es deinem Gesprächspartner leicht

Ist dein Gesprächspartner geistig jetzt bei dir und damit offen für das, was du ihm sagen wirst, ist die erste Hürde genommen. Nun geht es darum, dass er auch versteht, worum es dir geht.

Wahrnehmungsübung

Bitte scanne den QR-Code oder gehe auf bit.ly/3XEMDY3.
Hier findest du ein Audio. Hör dir das Audio an.

Alles klar? Bist du gut mitgekommen? Falls nein, kommt hier der
Satz noch einmal zum nachlesen:

Kennst du Menschen, die Sätze formulieren, die so lange sind,
dass sie sich am Ende des Satzes kaum noch erinnern können,
wie sie den Satz angefangen haben und die so viele Informationen und Nebensätze in einen einzigen Satz einbauen, dass einem
davon schon fast schwindelig wird und dass auch der Zuhörer nur
noch wenige Informationen aus dem Satz wiedergeben kann?

Dieses Mal habe ich bewusst einen so langen Satz formuliert. Einen Satz mit vielen Nebensätzen. Lese ich solche Sätze, springe ich mit den Augen immer wieder an den Anfang des Satzes zurück, um den Satz ganz erfassen und verstehen zu können. In einem Gespräch geht das meistens nicht. An dieser Stelle kommt erneut unser Gehirn ins Spiel. Es arbeitet mit Bildern, das hast du bereits gelesen. Das Gehirn arbeitet zwar unglaublich schnell. Bis so ein Bild im Kopf entsteht, dauert es trotzdem einen Moment. Packt mein Gesprächspartner in einen einzigen Satz viele verschiedene Bilder, fällt es mir schwer, nachzukommen und ihm folgen zu können.

Ü28 Übung

Hier unten findest du wieder eine gestrichelte Linie. Du weißt ja, was zu tun ist 😉.
Nimm dein Handy und starte eine Audioaufnahme:
Erzähle bitte, was du heute Morgen gefrühstückt hast, ein Erlebnis von gestern oder wie du zur Arbeit gekommen bist.
Wenn du fertig bist, stoppe das Audio.

Bitte heb dir dieses Audio und die folgenden Aufnahmen gut auf. Du wirst sie später noch einmal brauchen.
Nun hör dir die Aufnahme an und zähl deine Sätze.

Du machst es deinem Gesprächspartner leicht, dir geistig sozusagen „folgen" zu können, wenn du kurze Sätze bildest. Am besten eignen sich Hauptsätze, ohne Nebensätze. In jedem Satz zeichnest du ein Bild.

Wie viele Sätze hast du verwendet?
Ist dir das Zählen der Sätze leichtgefallen?
Wie lang sind deine Sätze?

Übung

Ü29

Falls du in der Übung gerade lange Sätze formuliert hast und dadurch nur sehr wenige Sätze gebraucht hast:
Mach eine neue Audioaufnahme. Sprich über dieselbe Situation, die du gerade schon beschrieben hast.

Die Aufgabenstellung für diesen Durchgang lautet:
Benutze nur Hauptsätze.

Wie war das für dich?
Wie hat es sich angefühlt? Komisch? Langweilig?

Als ich das erste Mal etwas nur in Hauptsätzen erzählen sollte, ist mir das sehr schwergefallen. Ich fand es ganz furchtbar und dachte mir, „So kannst du doch nichts erzählen! Das klingt ja wie in der ersten Klasse!" Hast du vorher meistens lange und verschwurbelte Sätze verwendet, ist die Umstellung eine kleine Herausforderung. Mit jedem Üben wird es besser! Je versierter du mit den Hauptsätzen bist, desto mehr wird es dir gelingen, mehr Vielfalt und Abwechslung in deine Erzählung zu bringen.

Ü30 Übung für den Alltag

Eine wunderbare Möglichkeit, die kurzen Sätze zu üben, gibt es bei Mails. Hier kannst du vor dem Absenden noch einmal drüber schauen und aus Schachtelsätzen mehrere Sätze machen. Damit du trotzdem pünktlich nach Hause kommst, beschränke dich auf 2-3 Mails pro Tag.

Komm auf den Punkt

Wahrnehmungsübung Ü31

Hör dir die erste und die zweite Audioaufnahme noch einmal nacheinander im Vergleich an.

Hast du in der zweiten Version mehr Sätze gebraucht? Findest du es beim Hören schwierig, herauszufinden wo ein Satz endet und der nächste beginnt?

Wahrnehmungsübung Ü32

Mach bitte eine weitere Audioaufnahme. Lies dafür folgende Sätze laut vor:

→ Ich bin ein wertvoller Mensch.

→ Was kann ich heute Gutes tun?

→ Wo kann ich das anwenden?

→ Ich bin frei.

Hör dir das Audio an. Hörst du einen Unterschied zwischen den Fragesätzen und den Aussagesätzen (= die Sätze mit einem Punkt am Ende)?

Beim Vorlesen lesen wir meist automatisch die Satzzeichen mit. Bei einer Frage geht die Stimme am Ende des Satzes nach oben (oder bleibt oben). Bei einer Aussage geht die Stimme am Ende des Satzes (mit dem Punkt) nach unten.

Hör dir dein letztes Audio noch einmal an. Hörst du es?

Falls nicht, habe ich die Sätze für dich als Audio aufgenommen (bit.ly/3FaxXsl).

Ich hoffe, bei mir ist der Unterschied so deutlich, dass du es gut wahrnehmen kannst.

Wahrnehmungsübung

Geh jetzt zurück zu den ersten Audios, in denen du von deinem Frühstück, deinem Weg zur Arbeit oder einem kleinen Erlebnis erzählt hast. Hör dir am besten beide Varianten noch einmal an. Die erste, bei der du einfach drauf los erzählt hast. Und die zweite mit den kurzen Sätzen. Da du etwas erzählen solltest, hast du wahrscheinlich vorwiegend Aussagesätze gemacht.

Hörst du den Punkt am Ende der Sätze?
Oder bleibt deine Stimme oben und geht gar nicht nach unten?

Sind die Punkte bei dir gut zu hören? Herzlichen Glückwunsch! Die folgenden Übungen werden dir leicht gelingen. Da du es schon jetzt gut gemacht hast, wird der Effekt bei dir weniger deutlich sein als bei jemandem, der bisher mit der Stimme eher oben geblieben ist.

Hört sich deine Erzählung eher an, wie ein langer Satz ohne Punkt und Komma oder wie eine Ansammlung von Fragen?

Ü34 Übung

Im nächsten Schritt geht es darum, die Punkte in deinen kurzen Sätzen hörbar zu machen. Am besten machst du ein neues Audio. Es kann sein, dass es dich nervt, wieder und wieder dieselbe Geschichte zu erzählen. Für die Übung ist es wichtig. So gelingt es dir leichter, die Unterschiede wahrzunehmen.

Benutze jetzt kurze Sätze **und** gehe am Ende des Satzes mit deiner Stimme bewusst nach unten.

Hör dir diese letzte Aufnahme an und ob es dir nun besser gelungen ist.

Als ich anfing, mich mit Sprache zu beschäftigen, wusste ich überhaupt nicht, wie ich das machen sollte. Beim Lesen funktionierte es gut, doch sobald ich etwas erzählte, waren keine Punkte zu hören.

Übung für den Alltag

Ein kleiner Trick, der dir hilft, auf den Punkt zu kommen: Immer wenn du etwas tust, für das du nur wenig Aufmerksamkeit brauchst, beschreibe das, was du tust in kurzen Sätzen. Geh dabei bewusst am Ende des Satzes nach unten. Zum Beispiel beim Abwaschen: „Ich wasche den Teller ab. Ich stelle den Teller auf die Spüle. Das Geschirr ist schmutzig...". Gut ist es, wenn du dabei alleine bist. Sonst bekommst du einige fragende Blicke von deinem Umfeld. Daher eignet sich auch Autofahren gut für eine kleine Übungseinheit: „Vor mir fährt ein Auto. Die Ampel ist rot. Ich warte an der Ampel...".Bei dieser Übung geht es um das Üben der Stimmführung – es können also vollkommen belanglose Sätze sein. Mach das immer wieder für ein paar Minuten. So wird nach und nach das Absenken der Stimme am Satzende für dich zur Routine. Es wird sich heimlich und leise in andere Sätze „schleichen". Bis es irgendwann gelingt.

Falls du es brauchst, findest du hier (bit.ly/3UghDe5) einige Hörbeispiele, um auf den Punkt zu kommen. Ich habe für dich ein paar Sätze bewusst mit und dann ohne Punkt gesprochen.

Wahrnehmungsübung

Für den Zuhörer ist es leichter, dich zu verstehen, wenn die Punkte hörbar sind. Obendrein wirkst du dadurch sicher und selbstbewusst. Du stellst dich und das, was du erzählst, nicht selbst in Frage, sondern gibst dem Ganzen mehr Gewicht.

Gönn dir eine Pause

Möglicherweise hat sich dein Sprechtempo durch die vielen Zusatzaufgaben, die ich dir gestellt habe, schon reduziert.

Optimal für den Empfänger wird es, wenn du nach jedem Satz eine ganz kleine Pause machst. So bleibt ihm ausreichend Zeit, das Bild vor seinem geistigen Auge wahrzunehmen.

Eine „Übersetzung" des langen Schwurbelsatzes vom Anfang des Kapitels findest du hier (bit.ly/3u3XsFw). Hör gerne rein:

Übung Ü37

Wenn du die Wirkung der Pausen spüren und ausprobieren willst, mach eine letzte Version deines Audios.

Mache nun bewusst zwischen den „Punkten" der kurzen Sätze eine kleine Pause.

Wie ist diese letzte Aufnahme im Vergleich zur ersten?

Bitte such dir zum Üben der kurzen Sätze, der Satzmelodie und der Pausen kleine Situationen im Alltag aus. 1-2 Situationen sind vollkommen ausreichend. Wenn du deinem Partner zuhause etwas Tolles berichten willst oder dich mit deinen Freunden abends in der Kneipe gemütlich zum quatschen triffst – sprich bitte so, wie du immer sprichst (ohne über die Länge deiner Sätze, Punkte oder Pausen nachzudenken!).

Im Seminar übte eine Teilnehmerin die Bogensätze beim Einführen in eine Entspannungsübung. Wirkte sie anfangs noch unsicher und gehetzt, veränderte sich dies mit der veränderten Stimmführung deutlich. Als es ihr gelang, jeweils am Satzende mit der Stimme nach unten zu gehen, strahlte sie mit einem Mal viel mehr Souveränität und Kompetenz aus. Obwohl der Inhalt ihrer Sätze gleich geblieben war!

Eine weitere Teilnehmerin schrieb mir: „Die Bogensätze habe ich inzwischen geübt. Sehr erstaunlich, wie aufmerksam die Zuhörerinnen werden, wenn ich mit der Stimme nach unten gehe. Es funktioniert sogar bei meiner 10jährigen Tochter."

Kapitel 10

Wie Klarsprache geht

Wie du in Kapitel 9 gelesen hast, wirkt sich die Form (Länge der Sätze) und die Art, wie ich spreche (Satzzeichen/ Punkte hörbar, Pausen) deutlich darauf aus, ob mein Gesprächspartner mich verstehen kann. Stimmen Inhalt und äußere Form überein, ist die Wahrscheinlichkeit hoch, dass meine Botschaft beim Empfänger ankommt. Mache ich eine Aussage, hört sich das anders an, als wenn ich eine Frage stelle.

Ziel und der Umweg zum Ziel

In Kapitel 8 „Was macht gute Kommunikation aus?" habe ich geschrieben, dass Kommunikation immer ein Ziel, eine Absicht hat, die ich damit verfolge.

Ziele in der Kommunikation können zum Beispiel sein:

→ Ich will etwas wissen oder an Informationen kommen.
→ Ich will etwas erreichen – ich habe eine Bitte oder einen Auftrag.
→ Ich will etwas mitteilen.

So gibt es im Deutschen vier verschiedene Satzarten.
Erinnerst du dich?
Oh – das ist schwer!
Denk nach.

Das waren sie schon. Gerade eben hast du alle vier Satzarten gelesen. Eine Aussage, eine Frage, ein Ausrufesatz und eine Aufforderung. Den Aufforderungssatz gibt es in zwei Varianten: mit
Punkt und mit Ausrufezeichen. Der kürzeste Aufforderungssatz besteht aus nur einem Wort. Zum Beispiel: „Komm." Je
nach Dringlichkeit, meiner eigenen Verfassung und je nachdem, wieviel Nachdruck ich dem Satz verleihen will, steht am
Ende ein Punkt (z.B. bei „Mach' bitte das Licht aus.") oder
ein Ausrufezeichen („Mach' bitte das Licht aus!"). Den Unterschied zwischen Punkt und Ausrufezeichen hörst du in der
gesprochenen Sprache normalerweise auch. Beim Ausrufezeichen wird die Stimme tendenziell lauter sein und mehr Energie haben als beim Punkt.

Für die Inhalte dieses Kapitels und die Übungen spielt der Ausrufesatz keine Rolle mehr. Ich habe ihn nur der Vollständigkeit
halber aufgeführt. In den folgenden Übungen geht es immer
nur um die Satzarten Frage, Aussage und Aufforderung.

Übung

Nimm dir dein Arbeitsheft zur Hand. Lies nur bis zur gestrichelten Linie – du kennst es ja schon.

Schreib die drei Kommunikationsziele vom Anfang des Kapitels auf die eine Seite. Dann ordne die Satzarten (Frage, Aussage, Aufforderung) den Kommunikationszielen zu und schreib sie jeweils neben das Kommunikationsziel.

Bemerkst du etwas?

Eigentlich ist es logisch und klar. Will ich etwas wissen, stelle ich Fragen. Will ich etwas mitteilen, mache ich Aussagen. Will ich etwas erreichen, benutze ich einen Aufforderungssatz, der eine andere Person auffordert, etwas zu tun. Ich schreibe hier ganz bewusst „eigentlich". Denn oft nutzen wir eine Satzart, die überhaupt nicht zu der Absicht meiner Kommunikation passt. Und wundern uns, warum es zu Missverständnissen kommt.

Ü39 Übung

Es geht gleich weiter im Arbeitsheft. Bitte ordne den untenstehenden Sätzen zu, was das dahinterliegende Kommunikationsziel ist. Wenn du dir Schreibarbeit ersparen willst, nutze die Numerierung der Sätze. Was ist mein inhaltliches Ziel? Will ich Informationen erhalten, geben oder eine Bitte äußern?

1. Wie geht es dir?
2. Pass bitte auf!
3. Der Kaffee ist alle.
4. Könntest du mir bitte die Butter geben?
5. Ich bleibe heute länger in der Arbeit.
6. Der Mülleimer ist voll.
7. Wann räumst du endlich dein Zimmer auf?
8. Wenn du einkaufen gehst: wir haben kein Klopapier mehr.

Wie ging es dir mit dieser Übung? Ging es leicht oder schwer?

Die Sätze ohne tieferen Zusammenhang einzuordnen ist eine Herausforderung – meist gibt es mehr als eine „richtige" Antwort. Vielleicht hast du trotzdem etwas beobachtet: In unserem Alltag vertauschen wir oft die Satzarten, wenn es um Bitten oder Aufgaben geht.

Übung

Stell dir vor, die Milch ist gerade alle. Deine Partnerin geht heute einkaufen. Du bittest sie, die Milch mitzubringen.

Was sagst du? Schreib die Sätze in dein Arbeitsheft.

Von der Satzart her ist ein Aufforderungssatz die korrekte Form, um eine Bitte zu äußern. „Bitte bring Milch mit, wenn du einkaufen gehst." oder „Du gehst heute einkaufen. Bitte bring Milch mit."

Hast du deine Bitte so formuliert?

Oder hast du, wie viele es ganz oft tun, eine Frage gestellt. „Kannst/ Könntest du bitte Milch mitbringen, wenn du einkaufen gehst?" oder „Bringst du Milch mit?". Vielleicht denkst du gerade, „Jetzt wird sie kleinkariert. Das ist doch egal, welche Satzart ich benutze. Hauptsache, meine Partnerin bringt die Milch mit. Sie versteht das auch so." Du hast Recht. Ganz oft „funktioniert" es mit den Bitten und Aufforderungen auch, wenn du eine Frage stellst.

Weitere gängige Beispiele sind:
→ „Weißt Du, wie spät es ist?"
→ „Können Sie mir sagen, wo der Bahnhof ist?"
→ „Im Restaurant: „Haben Sie schon gewählt?"

Gerade in den oberen beiden Beispielen ist eine Frage eine gleichwertige Alternative, um an die gewünschten Informationen zu kommen. Allerdings leicht abgewandelt, nämlich: „Wie spät ist es?" oder „Wo ist der Bahnhof?" Auf diese Fragen antwortet der Gefragte direkt mit dem, was ich wissen will. Und sollte er diese Frage nicht beantworten können, wird er mir das sagen.

Oft kommt es zu diesem „Satzarten-Durcheinander" durch eine Kombination aus Frage und Bitte. Ich weiß nicht immer sicher, ob derjenige, den ich in der Fußgängerzone anhalte und nach der Uhrzeit frage, eine Uhr hat. Ob diejenige, die ich nach dem Weg frage, den Weg überhaupt kennt. Oder ob die Gäste im Restaurant ihr Essen schon ausgewählt haben.

Es gibt Menschen, die auf solche Fragen korrekt antworten, indem sie nur „Ja." sagen. Damit ist der Frageteil dieses Gesprächs beantwortet. Wir haben im Laufe unseres Lebens und durch viele Gespräche gelernt, dass der Fragende auf etwas anderes hinaus will. Dass er mehr als nur die Information über meine Fähigkeit, die Information geben zu können, wissen will. Sondern, dass ihn vielmehr die Uhrzeit, der Weg oder das gewählte Essen interessiert. Deswegen ist es für uns ganz normal, Bitten auf diese Art und Weise zu formulieren.

Oft kommen wir damit gut zurecht. Allerdings gibt es auch Situationen, in denen es für den Empfänger schwierig ist, die Bitte zu entschlüsseln. Willst du von deinem Kind wirklich wissen, wann es sein Zimmer aufräumt? Oder willst du, dass es sein Zimmer aufräumt? Auf die Frage „Wann räumst du dein Zimmer auf?" ist „Morgen" eine legitime Antwort. Oder auch „In einer Woche" oder „Gar nicht". Soll mein Kind sein Zimmer aufräumen, ist es für Eltern und Kinder klar verständlich, wenn ich sage: „Bitte räum (jetzt, bis morgen, bis heute Abend...) dein Zimmer auf." Ich habe eine Bitte und die äußere ich.

Akzeptierst du ein „Nein"?

Ganz oft gibt es diese Situation: du bittest jemanden, dir Unterlagen per Mail zukommen zu lassen. „Könnten Sie mir bitte die Unterlagen schicken?" Oder du bittest deinen Sohn, dir die Butter zu geben: „Kannst du mir bitte die Butter geben?" Genau genommen fragst du deinen Gesprächspartner, ob er die Fähigkeit oder die Möglichkeit hat, das zu tun, was du willst. Genau dafür steht das Wort „können". Zum Beispiel in „Ich kann Radfahren." oder „Ich kann dich im Auto mitnehmen." Im Kapitel 6 habe ich das bei den Modalverben ausführlich besprochen. Geht es dir wirklich darum? Dann wäre es für dich also vollkommen in Ordnung, wenn dein Gegenüber mit „Nein." antwortet? Wahrscheinlich nicht, oder? Denn eigentlich wollen wir ihn mit dieser Frage darum bitten.

„Ich kann doch nicht einfach einem anderen befehlen, etwas zu tun. Das ist doch unhöflich!", wendest du jetzt vielleicht ein. In unserem Alltag haben sich viele Floskeln und Redeweisen eingeschlichen. Oder wir wurden erzogen, sie so zu formulieren, weil es sonst unhöflich sei. Vielleicht denkst du, die Alternative zur Frage wäre: „Schicken Sie mir die Unterlagen!" oder „Gib mir die Butter!"

Bleib ganz entspannt. Es gibt nicht nur schwarz und weiß, sondern verschiedene Nuancen von grau. Also verschiedene Möglichkeiten, Bitten durchaus höflich zu formulieren. Was hältst du von: „Bitte schicken Sie mir die Unterlagen." Oder „Bitte gib mir die Butter."? Klingt das unhöflich? Es mag ungewohnt klingen. Höflich ist es meiner Meinung nach durchaus.

Verschlüsselte Botschaften

Kennst du das Kommunikationsmodell nach Friedemann Schulz von Thun? Für alle, die es noch nicht kennen, fasse ich es hier kurz zusammen.

Dieses Kommunikationsmodell, auch Kommunikationsquadrat genannt, beinhaltet Folgendes: Jede Botschaft besteht aus 4 Anteilen. Und zwar sowohl beim Sender als auch beim Empfänger. Von Thun bezeichnet diese Anteile als die 4 Zungen und 4 Ohren (oder 4 Ebenen) der Kommunikation.

Das heißt, in jeder Kommunikation gibt es
→ eine Aussage zu der Sache an sich, um die es geht
  (Sachaspekt)
→ eine Aussage zu mir selbst (Selbstoffenbarung)
→ eine Aussage zu der Beziehung zu meinem
  Gesprächspartner (Beziehungsaspekt) und
→ einen Appell.

Dabei können die Selbstoffenbarung, der Beziehungsaspekt und der Appell offen oder verdeckt sein.

Übung Ü41

Nimm dein Arbeitsheft zur Hand. Bevor du unterhalb der gestrichelten Linie weiterliest, bearbeite die Übung.

Der Mülleimer ist voll.
Bitte überlege, welche 4 Ebenen du dem Sender bei dieser Aussage zuschreiben würdest.

Schreib deine Antworten ins Heft.

Meine Interpretation:

Sachaspekt: Der Mülleimer ist voll.
Selbstoffenbarung könnte zum Beispiel sein: Das stört mich.
Beziehungsaspekt könnte sein: Ich wünsche mir von dir, dass du für mich da bist.
Appell: Bitte bring den Müll raus.

Du bist auf eine andere Lösung gekommen? Das kann gut sein. Wie gesagt, jeder von uns hat seine eigenen Erfahrungen, sein eigenes Erleben und seine ganz eigene Sicht auf die Welt.

Hier wird für mich deutlich, dass der Appell in einer Botschaft oft der Intention entspricht. Denn was will ich vermutlich mit der Aussage „Der Mülleimer ist voll." erreichen? Hätte ich vor, ihn selbst auszuleeren, bräuchte ich diese Aussage so nicht tätigen. Eher wünsche ich mir, dass ein anderer das für mich erledigt.

Ich bin ein Mensch mit einem ausgeprägten „Appellohr". Ich höre oft aus einer Botschaft hauptsächlich den Appell heraus. Vor kurzem habe ich meiner Mutter per Whatsapp von einer Veranstaltung berichtet. Die Veranstaltung begann um 12:30 Uhr. Sie schrieb mir: „Ist das nicht etwas spät? Da haben die Leute doch Hunger!" Da passierte etwas Merkwürdiges. Ich fühlte mich von dieser Nachricht angegriffen und habe mich aufgeregt. Ich dachte mir: „Was kann ich dafür, dass die Veranstaltung um diese Zeit stattfindet? Ich habe es weder so geplant, noch kann ich etwas daran ändern!"

Als ich abends mit meinem Partner darüber sprach, machte er mich darauf aufmerksam, dass ich nur den Appell der Botschaft gehört hatte. Von der Sache her hatte meine Mutter nur eine Aussage gemacht. Vielleicht lautete ihr Appell in dieser Botschaft auch: „Ich will um diese Zeit etwas essen." Damit hatte es gar nichts mit mir zu tun. Ich konnte entspannen und den Ärger loslassen.

Bittet, so wird euch gegeben

Was ich dir in diesem Kapitel ans Herz legen will: Du machst dir dein Leben und auch deine Kommunikation auf lange Sicht leicht, wenn du klar kommunizierst. Dazu gehört, die passende Satzart zu wählen. Es sorgt für weniger Missverständnisse und Konflikte, wenn du die Bitten, die du hast, klar und eindeutig als solche formulierst. Du ersparst deinem Gesprächspartner gedankliche Umwege und Rätselraten, was du mit dieser Frage oder Aussage gemeint haben könntest. Oft funktioniert es zwar trotzdem, weil die meisten von uns es so gelernt haben. Doch da wir alle in unterschiedlichen Welten unterwegs sind, kann es dadurch ganz leicht zu Entschlüsselungsfehlern kommen.

Ein Beispiel aus der Physiotherapiepraxis:
Die Mitarbeiterin an der Rezeption sagt zum Patienten: „Das ist heute die letzte Behandlung. Die Zuzahlung ist noch offen." Der Patient geht zur Behandlung und danach nach Hause. Bezahlt hat er die Zuzahlung nicht. Nicht aus bösem Willen. Nein, es hat ihm niemand gesagt, dass er sie zahlen soll.

Die Rezeptionistin hat dem Patienten lediglich mitgeteilt, dass die Zuzahlung noch offen ist. Was der Patient mit dieser Information anfangen soll und dass diese Formulierung die Aufforderung zum Zahlen sein soll, das weiß der Patient nicht. Zumindest kann ich nicht davon ausgehen, dass er es weiß. Es kann ja sein, dass das über die Kasse abgerechnet wird oder eine Rechnung kommt.

Klar formuliert klingt es zum Beispiel so: „Die Zuzahlung ist noch offen. Das macht 27,06 €. Bitte zahlen Sie sie gleich jetzt." Ja, das sind ein paar Sätze mehr. Doch dafür bekommen wir das Geld gleich. Kommuniziert die Mitarbeiterin an der Rezeption unklar, haben wir einen vielfach höheren Aufwand, bis wir an das Geld kommen: Der Patient geht, ohne zu bezahlen. Wir schicken ihm einen Brief, überwachen den Zahlungseingang, mahnen… Dieser Aufwand nimmt viel mehr Zeit in Anspruch als die drei Sätze direkt an der Rezeption.

Ich glaube, an vielen anderen Stellen ist es ähnlich. Vielleicht wird die Kommunikation in einer konkreten Situation umfangreicher, wenn ich beginne, klar zu kommunizieren. Doch diese Zeit und diesen Mehraufwand spare ich an anderer Stelle vielfach ein. Und erspare mir ab und zu auch noch einiges an Ärger.

Die Wahl der passenden Satzart trägt somit zu dem, was ich mit dem, was ich sage, erreichen will, erheblich bei. Sie erleichtert Kommunikation und erhöht die Wahrscheinlichkeit, dass der andere weiß, was ich von ihm will. Gerade in der Führung von Mitarbeitern ist dieses Thema immens wichtig. Oder im Gespräch mit Kunden, bei denen ich Kunden durch meine Art der Kommunikation durch einen Prozess führe. Ich will dem Kunden oder Mitarbeiter auf einfache Weise deutlich machen, was ich will oder brauche. Die Nachricht soll beim Empfänger so ankommen, wie sie gemeint ist.

Kapitel 11

Hätten Sie heute noch einen Termin frei?

In diesem Kapitel geht es vor allem um die Themen Präsenz, Klarheit und Wertschätzung. Diese drei Themen sind die drei Säulen des LINGVA ETERNA® Sprach- und Kommunikationskonzeptes. Viele Menschen haben Formulierungen von den Eltern übernommen, die vermeintlich höflich sein sollen. Diese Formulierungen schwächen denjenigen, der sie benutzt. Sie finden sich häufig in unserem Alltag. Ich denke, sie werden auch dir bekannt vorkommen.

Wahrnehmungsübung

Lies die folgenden Sätze langsam nacheinander durch. Nimm dir Zeit für jeden einzelnen Satz.

Spür genau hin, wie sie sich anfühlen:

→ Ich würde sagen, dass das eine gute Idee ist.
→ Könnten Sie mir einen Tisch reservieren?
→ Hätten Sie noch ein Zimmer frei?
→ Ich wäre für das italienische Restaurant.
→ Ich möchte einen Porsche.
→ Ich hätte eine Frage.

All diese Formulierungen sind im Konjunktiv II formuliert. Der Konjunktiv II ist die Möglichkeitsform. Er wird auch Irrealis genannt. Sätze mit „hätte, könnte, sollte, würde, möchte" sind im Konjunktiv II formuliert. Wirkt derjenige, der Sätze so formuliert zielstrebig? Weiß er, was er will? Wie hoch ist die Wahrscheinlichkeit, dass er seinen Wunsch durchsetzen wird?

Der Konjunktiv II hat seinen Platz bei Bedingungssätzen. Spreche ich über etwas, das unter einer bestimmten Bedingung eintritt oder eingetreten wäre, ist der Konjunktiv II stimmig.

Zum Beispiel:
→ Wenn ich reich wäre, würde ich mir eine Villa kaufen.
→ Falls wir rechtzeitig ankommen, könnten wir gemütlich essen gehen.
→ Würdest du in der Schule gut aufpassen, würden dir die Hausaufgaben leicht von der Hand gehen.
→ Hätte ich besser aufgepasst, wäre das nicht passiert.
→ Hätten wir unseren Geburtstag gefeiert, hätten wir eine schöne Feier veranstaltet.

Eine weitere gute Anwendungsmöglichkeit für den Konjunktiv II ist die Beschreibung einer Vision. Ich erzeuge ein anziehendes Bild. Durch den Konjunktiv II wird auf der sprachlichen Ebene deutlich, dass dieses Bild bisher nur in Gedanken existiert. Ich weiß noch nicht genau, wie ich dort hinkomme und wie das Ziel genau aussehen soll. In diesem Fall will ich bewusst vage formulieren, um mich nicht zu früh festzulegen.

Zum Beispiel:
→ Ich stelle mir vor, ich könnte möglichst vielen Menschen mehr über die Wirkung der Sprache mitteilen.

Eine dritte, stimmige Anwendungsmöglichkeit für den Irrealis ist eine vorsichtige Vermutung oder Behauptung zu äußern. Du bist dir nicht sicher oder willst deinem Gesprächspartner die Möglichkeit geben, bei einem unterlaufenen Fehler das Gesicht zu wahren.

Zum Beispiel:
→ Bei diesem Rezept dürfte der Arzt sich vertan haben.
→ Mit dieser Zugverbindung müssten Sie den Anschlusszug erreichen.

Die Sätze am Anfang des Kapitels (S. 161, Ü42) hören sich erst einmal höflich an. Beim genauen Hinhören und Hinspüren wirken sie schwach, mit wenig Energie und Durchsetzungsvermögen angereichert. Noch dazu verfälscht diese grammatikalische Form in den oben genannten Beispielen teilweise den Sinn der Botschaft. Ich hätte keine Frage, ich habe eine Frage und die will ich stellen. Würde ich nur sagen, dass es eine gute Idee ist oder sage ich es tatsächlich und meine es auch so? Will ich lieber zum Italiener oder lasse ich mich von den anderen überreden? Ist das nicht unhöflich? Und – wie soll ich es denn dann sagen?

Ü43 Übung

Nimm dein Arbeitsheft und überleg dir mindestens je eine Alternative für jedes Beispiel. Schreib sie auf. Lies erst weiter, wenn du die Aufgabe abgeschlossen hast.

→ Ich würde sagen, dass das eine gute Idee ist.
→ Könnten Sie mir einen Tisch reservieren?
→ Hätten Sie noch ein Zimmer frei?
→ Ich wäre für das italienische Restaurant.
→ Ich möchte einen Porsche.
→ Ich hätte eine Frage.

War die Übung leicht für dich?
Wie hört es sich für dich an?
Findest du dich unhöflich oder zu fordernd, wenn du z.B. sagst: ‚Ich will einen Porsche.'?

Damit komme ich noch einmal auf den starken Unterschied zwischen „ich möchte" und „ich will" zu sprechen. Erinnerst du dich an das Kapitel 6? „Wollen" ist eines der Modalverben. Unter der Überschrift „Wollen" habe ich dir bereits gezeigt, um wie viel stärker ein mit „Ich will" formulierter Wunsch wirkt. Denk daran, wieviel mehr Zugkraft er hat, allein durch die Formulierung. So wirkt das auch nach außen. Sagst du „Ich will" wirkt das auf deinen Gesprächspartner energisch, stark, vielleicht sogar zuverlässig und kompetent. Du strahlst aus, dass dieser Wunsch dir wichtig ist und am Herzen liegt. Dass du dich für diesen Wunsch einsetzen wirst. Es klingt nach: Da weiß jemand, was er will und das wird er erreichen.

Vielleicht hast du noch etwas bemerkt. Im vorhergehenden Kapitel ging es um die Satzarten und vor allem darum, Bitten zu äußern. Hast du beobachtet, dass in den Beispielen oben einige als Fragen formulierte Bitten versteckt waren? Wie hast du diese gewandelt?

Ü44 Übung

Schau in deinem Arbeitsheft nach. Falls du die Bitten in der Frage-form belassen hast, bringe sie jetzt in die passende Form. Ein Tipp von mir: Möglicherweise ist es sinnvoll, mehrere Sätze aus einer Frage zu machen, um erst Klarheit zu gewinnen und dann die Bitte vorbringen zu können.

Unter diesem Link (bit.ly/3gKf7Px) findest du meine Alternativen für die Sätze.

Wer ist eigentlich Paul?

Neben dem Konjunktiv II gibt es noch eine weitere Möglichkeit, dich durch deine Sprache selbst klein wirken zu lassen. Es sind kleine Wörtchen, die diese Wirkung verursachen. Sie finden sich zahlreich im Alltag und in der Sprache vieler Menschen. Fällt dir eines ein?

Wahrnehmungsübung

Du kennst das schon – lies nur bis zur gestrichelten Linie.

„Eigentlich liebe ich Tiere."

Wie fühlt sich das an?
Glaubst du dem, der diesen Satz ausspricht, dass er Tiere liebt?
Oder bleibt ein Zweifel?

„Ich liebe Tiere."

Wie klingt diese Alternative?
Nimmst du bei dieser Formulierung dem Sprecher ab, dass er Tiere liebt?

Bestimmt kennst du dieses kleine Wörtchen. Für Vertreter und Verkäufer ist dieses Wort wie eine Einladung. Es zeigt an, dass ich eine Chance habe, zu verhandeln und zu verkaufen. Denn ich warte zwar noch auf das „ja" – doch ich habe auch noch kein endgültiges „nein" zur Antwort bekommen. Das heißt, es „geht" noch etwas. Kennst du Menschen, die dieses Wort oft verwenden? Wie wirken sie auf dich?

Achtung – Falle!

Es gibt eine Fragestellung, die dieses Wort sozusagen „provoziert". Stellt mir jemand eine offene Frage und ich weiß (noch) nicht, worauf diese Frage genau abzielt, antworte ich oft reflexhaft mit einem „eigentlich".

Zum Beispiel:
Hast du heute Abend schon etwas vor?
Eigentlich nicht. Oder auch: Eigentlich schon.

Hast du nun was vor oder nicht? Ja oder nein?

Solange ich nicht weiß, weshalb der Fragende diese Information von mir haben will, werde ich mir möglicherweise ein Hintertürchen offenhalten. Vielleicht mag ich denjenigen und würde gerne einen Abend mit ihm verbringen – oder ich mag ihn nicht und will genau das vermeiden. Durch das Füllwort „eigentlich" halte ich mir eine gewisse Freiheit offen. So kann ich dann, wenn ich genauer weiß, worum es geht, meine endgültige Entscheidung treffen.

Eine Möglichkeit, mehr über den Hintergrund der Frage zu erfahren, ist nachzufragen: „Weshalb willst du das wissen?" oder „Was hast du vor?" Auf diese Art und Weise kann ich schon vorher mehr Informationen über das Ziel der Frage erhalten. Das ermöglicht mir, so auf die Frage zu antworten, wie ich antworten will.

Neben dem bekannten „eigentlich" gibt es noch weitere Füllwörter, die dich unsicher und wenig kompetent wirken lassen.

Zum Beispiel:

→ (ein) bisschen
→ quasi
→ relativ
→ etwas
→ sozusagen
→ irgendwie
→ vielleicht
→ möglicherweise
→ …

Diese Worte bringen eine Einschränkung und Unsicherheit in deine Sprache.

Mich hat kürzlich meine Tochter „erwischt". Sie fragte mich, ob sie eine neue Packung Müsli aufmachen dürfte. Was sagte ich? „Eigentlich nicht." – Was sie prompt aufnahm und entgegnete: „Eigentlich heißt nicht nein. Also darf ich." 😉

Ü46   Wahrnehmungsübung

Lies diese Sätze laut vor:

→ Das ist quasi der direkteste Weg von hier zum Bahnhof.
→ Ich erzähle Euch jetzt ein bisschen darüber, weshalb
   Kommunikation wichtig ist.
→ Ich bin mir relativ sicher, dass sich das so ereignet hat.
→ Kannst du dir vorstellen, diese Übung vielleicht irgendwie zu
   machen?

Wie wirkt der Sprecher solcher Sätze auf dich?
Bist du überzeugt von seiner Kompetenz?
Oder bleibt ein gewisser Zweifel?

Ü47   Übung

Nimm jetzt die Füllwörter aus den Sätzen heraus. Schreib die Sätze
ohne Füllwort in dein Arbeitsheft. Lies sie ohne Füllwort vor und
lasse die Sätze nun auf dich wirken. Wenn es dir hilft, lies sie
noch einmal im direkten Vergleich nacheinander – einmal mit
und einmal ohne Füllwort. Gibt es einen Unterschied?

In vielen Fällen ist es bei den Füllwörtern so, wie bei vielen anderen Aspekten der Sprache. Ich habe mir ein, zwei oder mehrere angewöhnt und streue sie gewohnheitsmäßig in mein Sprechen ein. Das merke ich oft gar nicht. Oft verwende ich diese Worte übermäßig und an Stellen, an denen sie nicht passen. Beim Gesprächspartner kommt das an, er spürt eine Unsicherheit und ich wirke auf ihn nicht kompetent.

Übung für den Alltag   Ü48

Hast du eines der oben aufgeführten Füllwörter in deiner Sprache entdeckt?

Achte in den nächsten Wochen auf dieses eine Füllwort.

An welchen Stellen passt es?
An welchen Stellen nicht?
Oder kannst du es eine Zeit lang ganz weglassen?

Kapitel 12

Weniger ist mehr!

Ü49 Wahrnehmungsübung

Stell dir vor, du bist beim Zahnarzt. Er begrüßt dich mit folgenden Worten:

„Frau Schmidt, da sind Sie ja endlich wieder einmal! Ich habe sie ja wirklich schon lange überhaupt nicht mehr gesehen, nicht wahr? Aber Ihre Zähne sehen im Prinzip natürlich ziemlich gut aus. Trotzdem ist grundsätzlich ein regelmäßiger Besuch beim Zahnarzt tatsächlich doch von Vorteil. Damit beugen Sie schließlich besonders großen Schmerzen vor und im Grunde genommen sichern Sie sich genau dadurch mal den Zuschuss von der Krankenkasse. Das ist doch ganz ehrlich im Grunde genommen der Grund, weshalb die Leute anscheinend immer darauf achten, fast einigermaßen regelmäßig einen Termin bei mir auszumachen."

Falls du dir den Text lieber anhörst, findest du ihn hier (bit.ly/3EJmAX8):

Was kommt bei dir an? Fühlst du dich gut aufgehoben? Hältst du den Zahnarzt für kompetent?

Kleine Wörtchen mit Wirkung

Wie du sicher bemerkt hast, habe ich es in diesem Text bewusst übertrieben mit den Füllwörtern. Jemanden, der so viele verschiedene Füllwörter gleichzeitig benutzt und seine Sätze damit aufbläht, kenne ich nicht. Die meisten Menschen haben 2-3 Lieblingsfüllwörter, die sie gerne und oft anwenden. In dem Text der Übung sind extrem viele Füllwörter enthalten.

Ü50 Übung

Kommen dir weitere Füllwörter in den Sinn, die du oder andere im Alltag verwenden? Mach eine Liste in deinem Arbeitsheft. Trage alle Füllwörter zusammen, die du kennst. Frag Kollegen und Familie, die Liste ist lang.

Welche(s) davon verwendest du gerne und oft?

Wie bei anderen Wörtern kommt es bei den Füllwörtern auf die Häufigkeit und die Platzierung an. An der passenden Stelle verwendet und mit der Wirkung, die ich erzielen will, ist das Füllwort richtig am Platz und stimmig. So hat auch das Wort „eigentlich" seine Berechtigung. Wenn ich vom „eigentlichen Sinn" spreche, den ein Wort hat beispielsweise. Hier benutze ich das „eigentlich" im Sinne von „ursprünglich" oder „wirklich". Weitere Beispiele sind die Weichmacher „irgendwie" oder „ein bisschen". Geht es mir darum, genau das zu übermitteln, ist das Wort an dieser Stelle stimmig. Wenn ich nicht weiß, wie etwas funktioniert und ich sage „Das wird schon irgendwie funktionieren." Damit meine ich, dass ich es (noch) nicht weiß und (noch) keinen Plan habe. Oder wenn ich noch nicht genau weiß, wie lange etwas dauert und sage „Es dauert noch ein bißchen." Weil ich zuversichtlich bin, dass das Warten bald ein Ende hat.

An diesen Stellen eingesetzt, erzielt das Wort das Ergebnis, das ich erreichen will. Übermäßig und an Stellen verwendet, an denen es einen seltsamen Effekt hat, kann es dich Kompetenz, Klarheit, Präsenz und Wertschätzung kosten. Jedes Füllwort hat dabei eine eigene Wirkung, die es mit sich bringt. Manche Worte verstärken den Inhalt des Gesagten, manche machen einen Widerspruch deutlich, andere schränken das Gesagte ein.

Übung für den Alltag   Ü51

Wie gesagt – die Dosis macht das „Gift".

Ist dir selbst ein Füllwort in deinem Sprachgebrauch bewusst (geworden)? Oder kann dir deine Familie oder jemand aus dem Kollegenkreis einen Hinweis geben?

In deinem Arbeitsheft hast du aus der letzten Übung noch eine ganze Sammlung. Falls du eines gefunden hast, das du übermäßig benutzt, achte eine Zeitlang darauf und lasse es bewusst weg.

Ü52   Wahrnehmungsübung

Hier ist der Beispieltext vom Anfang in „Reinform" – pur und ohne Füllwörter.

„Frau Schmidt, ich habe sie lange nicht gesehen. Ihre Zähne sehen gut aus. Ein regelmäßiger Besuch beim Zahnarzt ist von Vorteil. Damit beugen Sie großen Schmerzen vor und sichern sich den Zuschuss von der Krankenkasse. Das ist der Grund, weshalb die Leute darauf achten, regelmäßig einen Termin bei mir auszumachen."

Unter diesem Link (bit.ly/3UeVVHx) ist die Variante ohne Füllworte für dich zum Anhören:

Aber das geht doch nicht

Eines der Füllwörter will ich genauer beleuchten. Hattest du das „aber" in deiner Aufzählung der Füllwörter oben mit dabei? Oft wird dieses Wort wie ein Füllwort verwendet.

Wahrnehmungsübung   Ü53

Lies diese Sätze laut vor und lass sie in dir nachklingen:

→ „Das Essen ist aber lecker."
→ „Du hast aber ein schönes Kleid an."
→ „Das machen Sie gut, aber das rechte Bein soll gebeugt sein."

Klingt das nach einem Lob?
Oder schwingt noch etwas anderes mit?

Das „aber" weist von seinem ursprünglichen Gebrauch her auf einen Widerspruch hin. Es handelt sich um eine Konjunktion. Eine Konjunktion ist ein Wort, das zwei Sätze miteinander verbindet. Die Konjunktion „aber" zeigt einen Widerspruch zwischen dem ersten und dem zweiten Satz auf.

Wie ist das bei den Sätzen oben? Wenn ich ein Essen loben will oder jemandem ein Kompliment für ein schönes Kleid machen will. Wo ist hier der Widerspruch? Es gibt keinen. Zumindest keinen, der erwähnt wird. Obwohl er nicht da ist, schwingt dieser Widerspruch beim Empfänger mit. Er reagiert folgerichtig eher komisch und mit Argwohn auf das Lob. „Sonst schmeckt das Essen wohl nicht?!" oder „Meine anderen Kleider sind also nicht schön?!"

Das „aber" bringt eine zweite Besonderheit mit sich. Es macht den Satzteil, der vor dem „aber" steht, zunichte. Kennst du solche Sätze?

Es sind Sätze, die positiv beginnen. Wie der Satz „Das machen Sie gut, aber das rechte Bein soll gebeugt sein." aus der Aufzählung oben. Nach dem Lob folgt ein „aber" und danach kommt die Kritik. Damit ist das Lob weggewischt. Was bleibt, ist die Kritik. War das mein Ziel?

Es ist möglich, das Lob neben der Kritik stehen zu lassen. Eine Möglichkeit ist es, zwei getrennte Sätze daraus zu machen:
„Das machen Sie gut! Jetzt beugen Sie (bitte) das rechte Bein."
Oder ich verbinde die Sätze mit einem „und":
„Das machen Sie gut! Und jetzt beugen Sie (bitte) das rechte Bein."

Auch wenn noch nicht alles gut war, ist das kein Widerspruch zum Lob. „Das war schon gut. Im nächsten Schritt achte bitte auf Folgendes…" Ich kenne das aus der Musik. Je nach Dirigent macht es mehr oder weniger Spaß ein neues Stück einzuüben.

„Das war schon ganz gut, aber die Vorzeichen habt ihr nicht beachtet." Was kommt bei dir an? Das Lob oder die Kritik? Manche Dirigenten gehen sehr achtsam mit den Worten um. Sie loben viel. Sie loben das, was schon gut funktioniert hat. „Das war für das erste Mal schon sehr gut.". Dann kommt der Wunsch für den nächsten Durchgang (die Kritik verpackt in Form eines Wunsches 😉): „Jetzt achtet bitte auf alle Vorzeichen." So macht das Üben viel mehr Spaß!

Raus aus der Sackgasse

Manche Menschen leben im Widerstand. Gegen das Leben, gegen die Welt, gegen andere Menschen. Egal, was du Ihnen anbietest, sie antworten dir immer wieder mit einem „Ja, aber…"

Solange sie bei dem „aber" bleiben und an dem Widerstand festhalten, wird die Situation genau gleichbleiben. Weil sie mit ihrem Widerstand eine Bewegung verhindern. Das „aber" ist wie ein „nein". Es zieht eine Grenze. Das geht nicht, nein, es ist ganz unmöglich. Ein erster Schritt, sich dieser Grenze zu nähern, ist, sich den eigenen Umgang mit dem Wort „aber" anzuschauen. Ein nächster Schritt kann danach der bewusste Umgang mit diesem Wort sein – oder ein zeitweises „aber-Fasten".

Teil IV

Und jetzt?

Wo fängst du an?

Ich habe dir in diesem Buch viele Anregungen und Hinweise gegeben. Vielleicht hast du einiges ausprobiert und deine eigenen Erfahrungen gemacht. Manches wusstest du und hast dich daran erinnert. Möglicherweise war etwas dabei, das dich nicht überzeugt hat. Besonders eindrucksvoll ist die Wirkung der Sprache in einem Seminar zu spüren. Hier hörst und schaust du gemeinsam mit den anderen Teilnehmern genau hin. Du bekommst Rückmeldung von den anderen Teilnehmern und kannst deine ganz eigenen Sprachmuster einbringen und wandeln.

Wenn du mehr Wertschätzung und Klarheit in deinen Alltag bringen willst und gewohnte Denkweisen verlassen, kannst du das sehr gut über den Weg der Sprache tun. Falls du schon einige Anregungen aus den vorherigen Kapiteln in dein Leben aufgenommen hast, hast du erlebt, dass sich mit dem Wandel deiner Sprache andere Dinge in deinem Leben wandeln. Probleme, Ärger und Streitigkeiten werden weniger oder verschwinden. Allein über eine bewusste und achtsame Sprache.

Falls du bisher noch nichts ausprobiert hast – was hält dich ab? Such dir ein Wort oder ein Thema aus, auf das du achten willst. Sei neugierig darauf, welchen Effekt es hat.

Fang am besten klein an. Nimm dir jedes Mal nur ein konkretes Thema vor, das du umsetzen und auf das du achten willst. Bleib an diesem Thema 2-4 Wochen dran. Begrenze die Übungszeit pro Tag, so dass dir Zeit bleibt, in der du wie gewohnt sprichst.

Es soll Freude machen, mit anderen ins Gespräch zu kommen und sich auszutauschen. Manche Dinge hörst du bei dir selbst noch nicht. Fang damit an, bei diesen Worten oder bei diesem Thema bei anderen genau hinzuhören. Hörst du es bei anderen gut, achte auf deine eigene Sprache. Sobald du es bei dir gut wahrnehmen kannst, versuche es zu wandeln.

Sei vorsichtig damit, andere belehren zu wollen. Freu dich, wenn du manche Angewohnheiten, auf die du bei dir achtest, bei anderen wahrnimmst. Wenn dir das zu schwerfällt oder du die anderen unbedingt teilhaben lassen willst: Erzähle von dir. Erzähle, dass du ein Buch gelesen hast, in dem es um die Wirkung von Sprache ging. Dass du es selbst ausprobiert hast und welche Erfahrungen du damit gemacht hast.

So lässt du dem anderen die Wahl, ob er eine Anregung von dir annehmen will oder nicht. Die eigene Sprache ist ein sehr sensibles Thema. Kommt plötzlich jemand und sagt mir, dass es falsch sein soll, wie ich spreche, kann das die gute Beziehung zum anderen beeinträchtigen. Selbst wenn es noch so gut von dir gemeint ist.

Wie geht's weiter?

Das Thema Sprache betrifft jeden. Wie du gemerkt hast, macht es einen Unterschied, wie ich spreche. Es wirkt sich auf meine Lebensqualität aus. In Firmen und besonders für Führungskräfte ist klare und wertschätzende Kommunikation von immenser Bedeutung. Es wirkt sich überaus positiv auf die Unternehmenskultur aus, wenn die Mitarbeitenden wissen, was sie machen sollen und die Führungskräfte wertschätzend und klar kommunizieren. Nicht nur die Firma – du ganz persönlich profitierst, wenn du deine Worte bewusst wählst und achtsam sprichst.

Du bist auf den Geschmack gekommen und willst mehr wissen? Informationen zu meinen Seminaren findest du unter:

https://marionhaupt.com/das-biete-ich-dir/

Dort hast du die Möglichkeit als Teilnehmer ein offenes Seminar zu besuchen. Für Firmen biete ich Inhouse-Seminare an, die ich speziell auf die Anforderungen und sprachlichen Besonderheiten der jeweiligen Branche und Firma ausrichte.

Du willst nur einen kurzen Impuls setzen? Dann ist einer meiner inspirierenden Impulsvorträge genau das Richtige für deine Firma, Gruppe oder deinen Verein.

Bei dir steht ein wichtiges Gespräch, eine Präsentation oder Rede, die du halten willst/ sollst an und du willst dich optimal vorbereiten? In einer Einzelberatung schaue ich mit dir gemeinsam darauf, welche sprachlichen Aspekte dich dabei unterstützen, dein Ziel zu erreichen.

Im Anhang schenke ich dir ein paar Worte für verschiedene Gelegenheiten. Wenn du willst, nimm eines, das dich besonders anspricht, in deinen aktiven Sprachgebrauch auf. Finde Gelegenheiten, es mehrmals am Tag einzusetzen.

Ich wünsche dir viel Freude mit neuen Erfahrungen, beim Umsetzen und Ausprobieren. Habe Geduld und Nachsicht mit dir (und anderen Menschen)! Es ist ganz normal, wenn es eine ganze Zeit lang dauert, bis es leichter wird, deine gewohnten Bahnen zu verlassen und einen neuen Sprachgebrauch zu etablieren. Bleib dran. Es lohnt sich. Es geht schließlich um dein Leben. Du hast nur dieses eine. Mach was draus!

DANKSAGUNG

Ich lese für mein Leben gern. Lesen zu lernen, war für mich ein wichtiger Schritt, unabhängig zu sein. Dann konnte ich nämlich selbst das Fernsehprogramm lesen und sehen, wann die Sendungen kamen, die ich sehen wollte. Ich war nicht mehr abhängig von meinem großen Bruder 😉. So lernte ich schnell lesen und war bald ein regelmäßiger Besucher unserer kleinen Bücherei im Ort.

Ein Autor, also jemand, der ein Buch schreibt und mich damit in ganz andere Welten entführt, war und ist für mich ein ganz besonderer Mensch. Autoren erschaffen mit ihren Worten ganze Welten. Dass ich also selbst einmal ein Buch schreiben werde, war ein langgehegter Traum von mir. Ich lese nicht nur gerne, ich schreibe auch gerne und es geht mir meist leicht von der Hand. Schon zu meinem 18. Geburtstag bekam ich von meiner besten Freundin das Buch „Wie man einen verdammt guten Roman schreibt" geschenkt. Der Traum vom eigenen Buch kam mir allerdings lange Zeit viel zu groß vor.

Ein Roman ist es nun nicht geworden. Doch der erste Schritt ist getan. Mein erstes eigenes Buch liegt vor mir. Und ich bin sehr stolz auf das, was aus den ersten Ideen und dem, was ich unbedingt anderen Menschen mitteilen wollte, geworden ist. Viele Menschen haben einen Anteil an der Verwirklichung dieses Buches geleistet. Jeden persönlich zu erwähnen, würde die Seitenzahl dieses Buches wahrscheinlich verdoppeln. Daher werde ich mich hier auf die Menschen beschränken, die für mich wesentlich zur Entstehung dieses Buches beigetragen haben.

Allen voran danke ich meinen Eltern, ohne die es mich nicht gäbe. Sie haben mir viel Gutes mit auf den Weg gegeben, mir einen guten Start ins Leben und in die Selbstständigkeit ermöglicht. Sie haben mir Vertrauen geschenkt und zeigen mir auf unterschiedliche Weise immer wieder, dass sie für mich da sind.

Ich danke meinem Partner Uwe Krämer, der schon von Anfang an eine „Neun-Kuh-Frau" in mir gesehen hat – auch dann, als ich mich selbst noch nicht so sah. Er lässt mir den Freiraum, den ich brauche und gibt mir gleichzeitig die notwendige Sicherheit. Er ist mein Fels in der Brandung.

Großer Dank gilt Mechthild R. von Scheurl-Defersdorf, der Gründerin von LINGVA ETERNA® und Theodor von Stockert, der das LINGVA ETERNA® Kommunikationsmodell entwickelt hat. Von diesem grandiosen Kommunikationsmodell ist in diesem Buch noch gar nicht die Rede – Fortsetzung folgt 😉. Diese beiden Menschen haben mit ihrer Arbeit bereits das Leben vieler Menschen positiv beeinflusst. Ich freue mich, zukünftig mit meiner Arbeit daran mitwirken zu können, dieses Wissen noch mehr Menschen an die Hand zu geben.

Ich danke Cornelia von Hardenberg, die mich 2014 zum ersten Mal mit dem Wissen aus dem LINGVA ETERNA® Konzept in Berührung gebracht und mir damit den ersten Hinweis auf eine neue Richtung gegeben hat. Auf meinem Weg zur LINGVA ETERNA® Sprach- und Kommunikationsberaterin haben mich Bernd Fichtner, Dirk Eichhorn-Mödel und Ina Willax, viele weitere Dozenten und Teilnehmer begleitet. Ich danke euch allen für den wertschätzenden Austausch, das genaue Hinhören und Hindenken, euer Feedback, eure Fragen und Anregungen.

Ein großer Dank gebührt Jan Becker, der mich auf die Bedeutung des Wortes „Abrakadabra" aufmerksam gemacht hat. Auch er weiß um die Macht der Worte, die sogar hypnotisch sein können. Ich schätze an ihm besonders seinen wertschätzenden und aufrichtigem Umgang mit Menschen. Sein Ansatz, Menschen zum Staunen zu bringen begeistert mich immer wieder. Das Staunen ermöglicht tiefe Erkenntnisse und Erfahrungen und macht sie auf ganz besondere Weise spür- und erlebbar.

Ein weiterer wichtiger Baustein auf dem Weg zu diesem Buch waren viele Autoren, deren Bücher ich in den letzten Jahren gelesen habe. Trainer, deren Kurse ich besucht habe und Coaches, die mit mir gearbeitet haben. Ich habe von deren Wissen profitiert und mich nach und nach mit Ihrer Hilfe weiterentwickelt. Stellvertretend für viele andere danke ich Stefan Merath. Mit seinen Büchern, Seminaren und dem von ihm angebotenen Unternehmertraining hat er die Rahmenbedingungen geschaffen, die die Entwicklung meiner Persönlichkeit und meines Unternehmens wesentlich vorangebracht haben.

Aus diesem Kontext hat meine Trainingsgruppe – die Alpha Rockets – einen großen Beitrag geleistet und leistet ihn noch. Sei es durch intensiven Austausch, durch gegenseitige Unterstützung, hilfreiche Kontakte, ehrliches Feedback, Fragen, Ideen und vieles mehr. Ihr seid ein wichtiger Baustein und ich freue mich auf viele weitere Begegnungen mit Euch!

Der wichtigste Mensch für die Entstehung dieses Buches ist Markus Coenen. Er hat mit seiner Arbeit das in mir liegende Wissen freigelegt, für viel Klarheit gesorgt und mich durch den Prozess der Entstehung eines Buches geleitet. Dank seiner Vorarbeit war das Schreiben tatsächlich „nur noch" Schreiben und ging mir leicht von der Hand. Er leistet großartige Arbeit und verhilft damit vielen wertvollen Menschen und ihren Botschaften zu Sichtbarkeit.

Allen Menschen, die durch Lektorat, Feedback, Fragen, Gestaltung und vielem mehr an diesem Buch beteiligt waren, danke ich. Im Besonderen hebe ich an dieser Stelle Winfried Skarke heraus, der das Layout und die Erstellung des Covers übernommen hat. Ich danke dir für deine Begeisterung für dieses Buch, all deine Anregungen und die Gestaltung, die das Buch aufgewertet und leserfreundlich gemacht haben. Dir und allen anderen danke ich für eure Zeit, die Gedanken, die ihr euch gemacht habt und das kritische Hinschauen und Nachfragen.

Liebe Leserin, lieber Leser, zu guter Letzt danke ich dir! Du hast dir dieses Buch gekauft und es gelesen. Ohne dich und dein Interesse würde dieses Buch im Bücherregal liegen und verstauben. Ich hoffe, ich konnte mit den Anregungen aus diesem Buch auch in deinem Leben etwas zum Positiven verändern.

ANHANG

Wie du weißt, löst jedes Wort bei jedem Menschen unterschiedliche Bilder und Emotionen aus. Daher kann es sein, dass in der Aufzählung ein Wort oder mehrere Worte vorkommen, die für dich nicht zum Thema passen. Wähle dir die Worte aus, die für dich gut passen – oder noch besser:

Nimm dir dein Arbeitsheft und erstelle dir deine ganz persönliche Liste.

Worte für gute Laune

Sonnenschein

Genuss

hüpfen

Wunder

Urlaub

Meeresglitzern

Regenbogen

Schokolade

lächeln

Dankeschön

Freude

Feierabend

tanzen

Jawohl

Abenteuer

Worte zur Entspannung

Hängematte

Seele

Ruhe

Balsam

Vertrauen

Tee

Wolke

sachte

Gelassenheit

Geborgenheit

kuscheln

Berührung

Sofa

dahintreiben

Wohlgefühl

Sicherheit

Worte, die dir Energie geben

jetzt

JA!

kraftvoll

vorwärts

machen

los

ausgeschlafen

anregend

Energie

Ziel

gesund

ich will

Bewegung

anfangen

Ambition

Worte für Dankbarkeit und Zufriedenheit

Erfolg

zufrieden

Geschenk

gönnen

froh

erlösend

Wohlstand

gelingen

Vertrauen

Glück

Fügung

Segen

annehmen

LITERATUR

Becker, Jan mit Bongertz, Christiane Stella:
Du wirst tun, was ich will: Hypnose-Techniken für den Alltag,
2. Auflage, München: Piper Verlag GmbH, 2013

Brandl, Peter:
Kommunikation:...und was Sie darüber wissen sollten, um
sich das Leben leichter zu machen,
Ungekürztes Hörbuch: Gabal Verlag, 2016

Corssen, Jens:
Als Selbst-Entwickler zu privatem und beruflichem Erfolg.
4 CDs: Ein Gespräch mit Jens Corssen.
Die Methoden des Selbstentwicklers,
7. Edition, Campfire Audio, 2006

Hagen-Bernhardt, Barbara:
Wirkstoff Wort: Formulierungen und ihre Wirkung im Praxis-
alltag,
1. Auflage, Norderstedt: Buchner, 2013

Heier, Dr. med. Magnus:
Nocebo: Wer's glaubt, wird krank: Wie man trotz Gentests,
Beipackzetteln und Röntgenbildern gesund bleibt,
2. Korrigierte Auflage, Stuttgart: Hirzel Verlag, 2012

Robbins, Anthony:
Grenzenlose Energie, Das PowerPrinzip: Wie Sie Ihre persönlichen Schwächen in positive Energie verwandeln,
7. Auflage, Berlin: Verlag Ullstein Taschenbuch, 2014

Von Scheurl-Defersdorf, Mechthild R. und von Stockert,
Theodor R:
In der Sprache liegt die Kraft: sich selbst und andere führen,
Hörbuch,
4. Gesamtauflage,
Erlangen: LINGVA ETERNA® Verlag GmbH, 2018

Von Scheurl-Defersdorf, Mechthild R. und von Stockert,
Theodor R:
Ein lautes Ja zum Leben sagen: Zufrieden werden mit bewusster Sprache,
1. Auflage, Freiburg im Breisgau: Herder Verlag GmbH, 2020

Von Scheurl-Defersdorf, Mechthild R.:
Deutlich reden, wirksam handeln: Wie Kinder das Leben entdecken,
Überarbeitete Neuausgabe,
Freiburg im Breisgau: Herder Verlag GmbH, 2021